新时代智库出版的领跑者

国家智库报告 2024（6）
National Think Tank
中国非洲研究院文库·智库系列
中非产能合作重点国别研究

中国与南非的产能合作

杨宝荣 等著

PRODUCTION CAPACITY COOPERATION
BETWEEN CHINA AND SOUTH AFRICA

中国社会科学出版社

图书在版编目(CIP)数据

中国与南非的产能合作 / 杨宝荣等著 . —北京：中国社会科学出版社，2024.3
（国家智库报告）
ISBN 978-7-5227-3307-4

Ⅰ.①中… Ⅱ.①杨… Ⅲ.①区域经济合作—国际合作—研究—中国、南非 Ⅳ.①F125.4②F147.054

中国国家版本馆 CIP 数据核字(2024)第 057726 号

出 版 人	赵剑英
责任编辑	范晨星　田　耘
责任校对	王佳玉
责任印制	李寡寡

出　　版	中国社会科学出版社
社　　址	北京鼓楼西大街甲 158 号
邮　　编	100720
网　　址	http://www.csspw.cn
发 行 部	010-84083685
门 市 部	010-84029450
经　　销	新华书店及其他书店

印刷装订	北京君升印刷有限公司
版　　次	2024 年 3 月第 1 版
印　　次	2024 年 3 月第 1 次印刷

开　　本	787×1092　1/16
印　　张	12.25
插　　页	2
字　　数	125 千字
定　　价	65.00 元

凡购买中国社会科学出版社图书，如有质量问题请与本社营销中心联系调换
电话：010-84083683
版权所有　侵权必究

《中国非洲研究院文库》编委会名单

主　任　蔡　昉

编委会（按姓氏笔画排序）

　　　　王　凤　　王启龙　　王林聪　　邢广程　　毕健康
　　　　朱伟东　　安春英　　李安山　　李新烽　　杨宝荣
　　　　吴传华　　余国庆　　张永宏　　张宇燕　　张忠祥
　　　　张振克　　林毅夫　　罗建波　　周　弘　　赵剑英
　　　　姚桂梅　　党争胜　　唐志超　　冀祥德

充分发挥智库作用　助力中非友好合作

——《中国非洲研究院文库总序言》

当前,世界之变、时代之变、历史之变正以前所未有的方式展开。一方面,和平、发展、合作、共赢的历史潮流不可阻挡,人心所向、大势所趋决定了人类前途终归光明;另一方面,恃强凌弱、巧取豪夺、零和博弈等霸权霸道霸凌行径危害深重,和平赤字、发展赤字、治理赤字加重,人类社会面临前所未有的挑战。

作为世界上最大的发展中国家,中国始终是世界和平的建设者、国际秩序的维护者、全球发展的贡献者。非洲是发展中国家最集中的大陆,是维护世界和平、促进全球发展的重要力量之一。在世界又一次站在历史十字路口的关键时刻,中非双方比以往任何时候都更需要加强合作、共克时艰、携手前行,共同推动构建人类命运共同体。

中国和非洲都拥有悠久灿烂的古代文明，都曾走在世界文明的前列，是世界文明百花园的重要成员。双方虽相距万里之遥，但文明交流互鉴的脚步从未停歇。进入21世纪，特别是中共十八大以来，中非文明交流互鉴迈入新阶段。中华文明和非洲文明都孕育和彰显出平等相待、相互尊重、和谐相处等重要理念，深化中非文明互鉴，增强对彼此历史和文明的理解认知，共同讲好中非友好合作故事，为新时代中非友好合作行稳致远汲取历史养分、夯实思想根基。

中国式现代化，是中国共产党领导的社会主义现代化，既有各国现代化的共同特征，更有基于自己国情的中国特色。中国式现代化，深深植根于中华优秀传统文化，体现科学社会主义的先进本质，借鉴吸收一切人类优秀文明成果，代表人类文明进步的发展方向，展现了不同于西方现代化模式的新图景，是一种全新的人类文明形态。中国式现代化的新图景，为包括非洲国家在内的广大发展中国家发展提供了有益参考和借鉴。近年来，非洲在自主可持续发展、联合自强道路上取得了可喜的进步，从西方人眼中"没有希望的大陆"变成了"充满希望的大陆"，成为"奔跑的雄狮"。非洲各国正在积极探索适合自身国情的发展道路，非洲人民正在为实现《2063年议程》与和平繁荣的"非洲梦"而努力奋斗。中国坚定支持非洲国家探索符合自身国情的发展道路,愿与非洲兄弟共享中国式现代化发展机遇,在中国全面建设社会主义现代化国家新征程上,以中国的新发展为非洲和世界提供发展新机遇。

中国与非洲传统友谊源远流长,中非历来是命运共同体。中国高度重视发展中非关系,2013年3月,习近平担任国家主席后首次出访就选择了非洲;2018年7月,习近平连任国家主席后首次出访仍然选择了非洲。6年间,习近平主席先后5次踏上非洲大陆,访问坦桑尼亚、南非、塞内加尔等8国,向世界表明中国对中非传统友谊倍加珍惜,对非洲和中非关系高度重视。在2018年中非合作论坛北京峰会上,习近平主席指出:"中非早已结成休戚与共的命运共同体。我们愿同非洲人民心往一处想、劲往一处使,共筑更加紧密的中非命运共同体,为推动构建人类命运共同体树立典范。"2021年中非合作论坛第八届部长级会议上,习近平主席首次提出了"中非友好合作精神",即"真诚友好、平等相待,互利共赢、共同发展,主持公道、捍卫正义,顺应时势、开放包容"。这是对中非友好合作丰富内涵的高度概括,是中非双方在争取民族独立和国家解放的历史进程中培育的宝贵财富,是中非双方在发展振兴和团结协作的伟大征程上形成的重要风范,体现了友好、平等、共赢、正义的鲜明特征,是新型国际关系的时代标杆。

随着中非合作蓬勃发展，国际社会对中非关系的关注度不断提高。一方面，震惊于中国在非洲影响力的快速上升；另一方面，忧虑于自身在非洲影响力的急速下降，西方国家不时泛起一些肆意抹黑、诋毁中非关系的奇谈怪论，如"新殖民主义论""资源争夺论""中国债务陷阱论"等，给发展中非关系带来一定程度的干扰。在此背景下，学术界加强对非洲和中非关系的研究，及时推出相关研究成果，提升中非双方的国际话语权，展示中非务实合作的丰硕成果，客观积极地反映中非关系良好发展，向世界发出中国声音，显得日益紧迫和重要。

以习近平新时代中国特色社会主义思想为指导，中国社会科学院努力建设马克思主义理论阵地，发挥为党和国家决策服务的思想库作用，努力为构建中国特色哲学社会科学学科体系、学术体系、话语体系作出新的更大贡献，不断增强中国哲学社会科学的国际影响力。中国社会科学院西亚非洲研究所是遵照毛泽东同志指示成立的区域性研究机构，长期致力于非洲问题和中非关系研究，基础研究和应用研究双轮驱动、融合发展。

以西亚非洲研究所为主体、于2019年4月成立的中国非洲研究院，是习近平主席在中非合作论坛北京峰会上宣布的加强中非人文交流行动的重要举措。西亚非洲研究所及中国非洲研究院自成立以来，发表和出版了大量论文、专著和研究报告，为国家决策部门提供了大量咨询报告，在国内外的影响力不断扩大。遵照习近平主席致中国非洲研究院成立贺信精神，中国非洲研究院的宗旨是汇聚中非学术智库资源，深化中非文明互鉴，加强中非治国理政和发展经验交流，为中非和中非同其他各方的合作集思广益、建言献策，为中非携手推进"一带一路"高质量发展、共同建设面向未来的中非全面战略合作伙伴关系、构筑更加紧密的中非命运共同体提供智力支持和人才支撑。

中国非洲研究院有四大功能。一是发挥交流平台作用，密切中非学术交往。办好三大讲坛、三大论坛、三大会议。三大讲坛包括"非洲讲坛""中国讲坛""大使讲坛"，三大论坛包括"非洲留学生论坛""中非学术翻译论坛""大航海时代与21世纪海峡两岸学术论坛"，三大会议包括"中非文明对话大会""《（新编）中国通史》和《非洲通史（多卷本）》比较研究国际研讨会""中国非洲研究年会"。二是发挥研究基地作用，聚焦共建"一带一路"。开展中非合作研究，对中非共同关注的重大问题和热点问题进行跟踪研究，定期发布研究课题及其成果。三是发挥人才高地作用，培养高端专业人才。开展学历学位教育，实施中非学者互访项目，扶持青年学者和培养高端专业人才。四是发挥传播窗口作用，讲好中非友好故事。办好中国非洲研究院微信公众号，办好中国非洲研究院中英文网站，创办多语种《中国非洲学刊》。

为贯彻落实习近平主席的贺信精神，更好汇聚中非学术智库资源，团结非洲学者，引领中国非洲研究队伍提高学术水平和创新能力，推动相关非洲学科融合发展，推出精品力作，同时重视加强学术道德建设，中国非洲研究院面向全国非洲研究学界，坚持立足中国，放眼世界，特设"中国非洲研究院文库"。"中国非洲研究院文库"坚持精品导向，由相关部门领导与专家学者组成的编辑委员会遴选非洲研究及中非关系研究的相关成果，并统一组织出版。文库下设五大系列丛书："学术著作"系列重在推动学科建设和学科发展，反映非洲发展问题、发展道路及中非合作等某一学科领域的系统性专题研究或国别研究成果；"学术译丛"系列主要把非洲学者以及其他方学者有关非洲问题研究的学术著作翻译成中文出版，特别注重全面反映非洲本土学者的学术水平、学术观点和对自身发展问题的认识；"智库报告"系列以中非关系为研究主线，中非各领域合作、国别双边关系及中国与其他国际角色在非洲的互动关系为支撑，客观、准确、翔实地反映中非合作的现状，为新时代中非关系顺利发展提供对策建议；"研究论丛"系列集结中国专家学者研究非洲政治、经济、安全、社会发展等方面的重大问题和非洲国际关系的创新性学术论文，具有基础性、系统性和标志性研究成果的特点；"年鉴"系列是连续出版的资料性文献，分中英文两种版本，设有"重要文献""热点聚焦""专题特稿""研究综述""新书选介""学刊简介""学术机构""学术动态""数据统计""年度大事"等栏目，系统汇集每年度非洲研究的新观点、新动态、新成果。

在中国非洲研究院成立新的历史起点上，期待中国的非洲研究和非洲的中国研究凝聚国内研究力量，联合非洲各国专家学者，开拓进取，勇于创新，不断推进中国的非洲研究和非洲的中国研究以及中非关系研究，从而更好地服务于中非高质量共建"一带一路"，助力新时代中非友好合作全面深入发展，推动构建更加紧密的中非命运共同体。

中国非洲研究院

2023 年 7 月

摘要： 工业化是非洲实现包容性和持续性发展的前提，是创造就业、消除贫困、提高生活水平的关键。中国支持非洲国家根据自身国情和发展需求，改善投资软硬环境，以产业对接和产能合作为龙头，助力非洲工业化和经济多元化进程。

中南产能合作互补性强。南非属于中等收入的发展中国家，也是非洲经济最发达的国家。南非自然资源十分丰富；金融、法律体系比较完善；通信、交通、能源等基础设施良好。矿业、制造业、农业和服务业是南非经济发展的四大产业支柱，深井采矿等技术居于世界领先地位。但国民经济各部门、各地区发展不平衡，城乡、黑白二元经济特征明显。近几年来，受全球经济走低，国内罢工频发、电力短缺、消费不振等多重因素影响，南非经济总体低迷，增长乏力。在这样的现实条件下，南非迫切需要中国为其注入经济发展活力，需要中国带来的技术、投资和工作机会。截至2020年年底，中国对南非直接投资（含金融类）存量为61.47亿美元，涉及矿业、金融、制造业、基础设施、媒体等领域。2020年中方对南非直接投资1932万美元（非金融类）。南非在华实际投资约6.6亿美元，集中在啤酒、冶金等行业。

随着双方经贸往来日益紧密以及中非合作论坛机制愈发完善，中南两国在产能合作方面持续深入开展合作，取得了实质性的项目成果。目前，交通运输、装备制造、资源开采、信息通信、工程承包、农产品加工、新能源、金融等行业已成为中国与南非开展产能合作的重点行业，在上述行业领域，中国与南非正在分类有序推进相关产能合作项目，中南双方在产能领域的合作发展迅速，对中非经贸关系乃至中非关系的发展具有强大的推动作用。

总体来看，南非营商环境和中南产能合作面临着各种各样的风险。但南非政局总体而言呈稳定态势，政策实施和连续性较强。随着新冠疫情的结束，在跟踪期内，南非政府在后疫情时代中平复国内暴乱、解决失业问题和恢复经济增长等方面仍面临挑战。

展望未来，一是中国与南非应发挥产能合作机制统筹协调作用，深化在重点领域产能合作对接。二是共同采取支持和便利措施，推进两国产能投资合作便利化，促进两国共同发展。尤其应充分发挥产能合作机制作用，不断完善"企业主体、市场运作、政府引导"的合作机制，对接双方经济发展需求，推动中南项目合作向集群化、规模化、产业化、本土化升级，提升南非生产能力。三是充分发挥金融合作润滑剂作用。金融作为连接中南全方位合作的纽带，对于推动中南市场开放、对接和融合起到了重要作用。如应加快建设南非离岸人民币中心，推动中国与南非互设跨境金融分支机构,强化跨境保险产业。鼓励政策性、商业性保险机构和养老基金加大对南非产能投资的支持力度。四是分享和交流经济发展经验,中国历经四十多年改革开放,从最早的沿海经济特区建设、改革和发展,实现了从计划经济到中国特色社会主义市场经济的成功转型,积累了丰富的经济特区建设、吸引外资、经济转型等经验,中方一再表示愿意分享交流,希望南非能取得类似经济转型发展的成功,实现繁荣发展。

关键词:中南产能合作;南非优势产业;风险评估;成功经验;深化路径

Abstract: Industrialization is the premise for Africa to achieve inclusive and sustainable development, and the key to create employment, eradicate poverty and improve living standards. China supports African countries to improve the soft and hard investment environment according to their national conditions and development needs, and take industrial docking and capacity cooperation as the leader to help Africa's industrialization and economic diversification.

China South Africa capacity cooperation is highly complementary. South Africa is a middle-income developing country and the most economically developed country in Africa. Natural resources are abundant. The financial and legal systems are relatively perfect, and the infrastructure such as communication, transportation and energy is good. Mining, manufacturing, agriculture and service industries are relatively developed, which are the four pillars of the economy. Deep well mining and other technologies are in the leading position in the world. However, the development of various departments and regions of the national economy is unbalanced, and the characteristics of urban-rural and black-and-white dual economy are obvious. In recent years, affected by the decline of the global economy, frequent domestic strikes, power shortage, sluggish consumption and other factors, South Africa's economy is generally depressed and its growth is weak. In this context, the arrival of Chinese companies in South Africa has brought much-needed technology, investment and job opportunities to South Africa's manufacturing industry. By the end of 2020, the stock of China's direct investment in South Africa (including finance) was US＄6.147 billion, involving mining, finance, manufacturing, infrastructure, media and other fields. In 2020, China's direct investment in South Africa was 19.32 million US dollars (non-financial). South Africa's actual investment in China is about US＄660 million, mainly in beer, metallurgy and other industries.

With the increasingly frequent economic and trade exchanges between China and South Africa, the production capacity cooperation between the two sides has taken substantive steps. At present, transportation, equipment manufacturing, resource exploitation, information and communication, project contracting, agricultural product processing, new energy, finance and other industries have become key industries for capacity cooperation between China and South Africa. In the above industries, relevant capacity cooperation projects between China and South

Africa are being implemented in a classified and orderly manner. The cooperation between China and South Africa in the field of production capacity has developed rapidly, which plays a strong role in promoting the development of China Africa economic and trade relations and even China Africa relations.

Overall, with the business environment in South Africa and the capacity cooperation between South Africa and Central Africa, there are various risks. However, South Africa's political situation is generally stable and policy continuity is strong. However, during the tracking period, the South African government still faces challenges in epidemic control, calming domestic riots and restoring economic growth.

Looking forward to the future. First, China and South Africa should give play to the overall coordination role of the capacity cooperation mechanism and promote capacity cooperation in key areas. Second, jointly take support and facilitation measures to create a favorable environment for business cooperation between the two countries. In particular, we should give full play to the role of the production capacity cooperation mechanism, constantly improve the cooperation mechanism of "enterprise subject, market operation and government guidance", meet the economic development needs of both sides, promote the upgrading of South Africa project cooperation to clustering, scale, industrialization and localization, and improve the production capacity of South Africa. Third, give full play to the role of financial cooperation. As a link connecting all-round cooperation between central and South Africa, finance has played an important role in promoting the opening, docking and integration of central and South China markets. For example, we should speed up the construction of an offshore RMB center in South Africa, promote the establishment of cross-border financial branches between China and South Africa, and strengthen the cross-border insurance industry. Encourage policy and commercial insurance institutions and pension funds to increase support for capacity investment in South Africa. Fourth, Share and exchange economic development experience and promote the construction of special economic zones in South Africa. China's reform and opening up first benefited from the reform, innovation and development of coastal special economic zones, and has accumulated rich experience for more than 40 years. China is willing to share and exchange its experience in reform and opening up, the construction of special economic zones, attracting foreign investment and economic transformation and upgrading with the south.

Key Words：China and South Africa Cooperation on Capacity of Production; Advantageous Industries in South Africa; Risk Assessment; Successful Experience of China-South Africa Cooperation on Capacity of Production; Promotion Path of Capacity of production between China and South Africa

目 录

一 南非宏观经济发展概况 …………………………（1）
　（一）南非国家概况 …………………………………（1）
　　1. 国土与行政区划 …………………………………（1）
　　2. 自然地理 …………………………………………（4）
　　3. 居民与宗教 ………………………………………（9）
　　4. 科教与医疗 ………………………………………（14）
　（二）南非政治概况 …………………………………（16）
　　1. 政体与宪法 ………………………………………（16）
　　2. 政权体制 …………………………………………（18）
　　3. 主要政党与社会团体 ……………………………（23）
　　4. 政情分析 …………………………………………（28）
　（三）南非经济发展评析 ……………………………（32）
　　1. 经济结构和经济环境 ……………………………（32）
　　2. 对外经济关系 ……………………………………（41）
　　3. 2010年以来宏观经济发展 ………………………（46）

二 南非行业发展情况分析……(55)
(一) 南非重点行业发展现状……(55)
1. 南非矿业发展现状……(58)
2. 南非制造业现状……(59)
3. 南非农林牧渔业发展现状……(62)
4. 南非电信和信息技术业发展现状……(63)
5. 南非旅游业发展现状……(63)
6. 新冠疫情对南非产业发展的影响……(65)

(二) 南非行业发展规划……(66)
1. 南非总体发展规划……(66)
2. 南非行业发展总体规划……(70)
3. 南非重点产业规划……(71)

(三) 南非行业管理政策……(77)
1. 南非主要行业管理机构和管理法规……(77)
2. 南非重点行业的管理政策……(79)

(四) 南非特色的产业发展模式——
南非特别经济区……(84)
1. 南非特别经济区政策的发展历史……(84)
2. 南非特别经济区发展现状……(87)

三 中国—南非产能合作的现状……(93)
(一) 2010年以来的中国—南非贸易……(93)
1. 中国—南非经贸合作机制……(93)
2. 2010年以来中国—南非贸易额变化……(94)

3. 2010年后中国—南非贸易差额 …………（97）
4. 中国—南非贸易结构…………………（98）
（二）中国—南非投资合作总体情况 ………（101）
1. 南非投资环境 …………………………（102）
2. 中国—南非投资合作具体情况 ………（105）
（三）中国—南非产能合作总体评述 ………（114）
1. 中国—南非产能合作的成就 …………（114）
2. 中国—南非产能合作的挑战 …………（118）

四 国际资本及产业在南非的情况 ……………（123）
（一）国际资本在南非投资的总体形势 ……（123）
1. 外资在南非投资的概况 ………………（124）
2. 南非的外资优惠政策 …………………（129）
（二）国际资本在南非投资的重点行业 ……（135）
1. 装备制造业 ……………………………（135）
2. 汽车行业 ………………………………（136）
3. 纺织服装业 ……………………………（137）
4. 矿业 ……………………………………（138）
5. 可再生能源 ……………………………（139）

五 助推中国—南非产能合作的总体构想及政策建议 …………………………………………（141）
（一）对中国—南非产能合作的总体考虑和风险评估 ………………………………（141）

1. 南非整体投融资环境具有吸引力 ……… (141)
2. 南非为优化投资环境付出努力 ………… (144)
3. 非洲大陆自贸区建设为中南产能合作
   带来新机遇 ………………………………… (145)

(二) 可纳入中国—南非产能合作的
      重点领域和具体项目 ……………………… (146)
1. 交通运输类行业 ………………………… (146)
2. 装备制造类行业 ………………………… (147)
3. 资源类行业 ……………………………… (148)
4. 通信类行业 ……………………………… (150)
5. 工程承包类行业 ………………………… (150)
6. 农产品加工类行业 ……………………… (151)
7. 新能源类行业 …………………………… (152)
8. 金融类行业 ……………………………… (153)

(三) 中国—南非产能合作的政策性建议 …… (155)
1. 理性看待南非的投资环境和
   趋势特征 ………………………………… (155)
2. 依托产能合作协调机制推进
   重点领域合作 …………………………… (157)
3. 积极开发金融合作推进功能 …………… (160)
4. 交流经济发展经验助推南非
   经济特区建设 …………………………… (162)

参考文献 ……………………………………………… (164)

一 南非宏观经济发展概况

（一）南非国家概况

1. 国土与行政区划

（1）地理位置

南非共和国位于非洲大陆南部，位于东经17°—33°、南纬22°—35°之间，国土面积达121.9万平方千米，居世界第25名。印度洋和大西洋环抱着南非东、南、西三面，两大洋交汇于非洲最南端好望角，南非海岸线总长约3000千米。[①] 南非北邻纳米比亚、博茨瓦纳、津巴布韦、莫桑比克和斯威士兰，莱索托被南非领土包围，是南非"国中国"。大西洋上的爱德华王子岛及马里昂岛亦是南非领土。南非三面临海，扼

[①] Government Communications, "Land and its people", *South Africa Yearbook 2019/20*, Private Bag X745, Pretoria, 2020, p. 2.

两大洋交通要冲,地理位置十分重要。南非属于东二区,比北京时间晚6个小时。

(2) 行政区划

南非是总统制共和国,1994年废除种族隔离制度建立起种族等的新制度后,原先的四个"白人行政省"和十个"黑人家园"的旧行政区划亟须调整。依照1996年南非新宪法,南非全国划分为9个省,由西南到东北依次为西开普省、东开普省、夸祖鲁纳塔尔省、北开普省、自由州省、西北省、豪登省、姆普马兰加省和林林波省。各省都拥有一定的自主权力,不仅有任免本省公职人员以及相关立法的权力,而且有自己的立法机构和行政管理系统,负责本省经济发展、财政税收等事务。由于南非政府、议会和最高上诉法院分处于三座城市,因此南非也是世界上唯一拥有3个首都的国家。

行政首都茨瓦内。21世纪初,比勒陀利亚经过选举后与周边12个地方政府整合为茨瓦内,一直是南非的政治中心,各中央政府机关如总统府、司法部等都坐落于此,外国使团和国际机构也常驻在这座城市。茨瓦内位于豪登省,始建于1855年,面积6345平方千米,2021年人口约为331万。该城市冬暖夏凉,冬季气温常年在10℃以上,夏季降水丰富,加之城市的合理规划,网格状整齐布局,并在其周围种植市花蓝花楹，盛开季节千紫斑斓，香气韵然，有"花园之城"的美称，南非大学、比勒陀利亚大学、国家天文馆、国家歌剧院、各类博物馆、排名世界前十的动物园比勒陀利亚动物园都坐落于此，茨瓦内集政治、教育、文化、科研中心于一身，同时也是南非黑色冶金工业中心及交通枢纽中心，全国一半以上的交通工具出口都来自此地。

立法首都开普敦：是南非全国议会所在地，也是西开普省省会和经济中心。新航路开辟、葡萄牙航海家迪亚士率领船队发现好望角后，欧洲殖民者接踵而至，于1625年在此地建立南部非洲的第一个据点。它西临大西洋卓湾，背靠桌山，风光旖旎，是世界著名的旅游城市，同时开普敦区位条件优越，拥有基础设施先进完备的天然良港，是南非的航运枢纽和国际航道交汇中心。开普敦由于其悠久的历史和自然风光成为国际性大都市，多种文化汇聚于此地，成为众多投资、旅游爱好者的选择胜地。

司法首都布隆方丹是南非最高司法机构所在地，同时也是自由州省首府和贸易、交通和通信中心。布隆方丹地处南非心脏地带，面积6284平方千米，有"玫瑰城"的美誉，与中国南京市是友好城市。

南非曾于2000年改革地方行政体制，旨在彻底消除种族隔离制度的残余影响，提高地方政府的运作效率,将原来 800 个地方政府精简为 8 个大都市、44 个地区委员会和 226 个地方委员会共 278 个地方政府。①

2. 自然地理

(1) 地形与河流

南非主要有内陆高原与平原地带两种地文类型。非洲高原北起撒哈拉向南延伸到南非高原。南非高原包含内陆的卡拉哈里盆地南部(海拔 600—1200 米)和外围高地(平均海拔 1200 米)两部分。高原的东侧是陡峭的德拉肯斯山脉,该山脉海拔最低点为 1500 米,最高处海拔 3482 米。狭长的沿海平原坐落于德拉肯斯山脉与海岸线之间,东南地区沿海平原宽度达上百千米,西南地区为开普山脉和沿海褶皱带,西部沿海平原宽度仅为 60—80 千米。

奥兰治河和林波波河是南非境内的主要河流。奥兰治河是南非最长的河流,同时也是非洲第六大河,全长约 2250 千米。奥兰治河流域面积达 97.3 万平方千米,上游地区降雨量充沛,下游地区为干旱地区,由于河床、河口泥沙堆积,水位季节性差异大,该条河流不能通航。林波波河是南非的第二大河,发源于马迪科威自然保护区附近的鳄鱼湾,向东北方向流经

---

① Government Communications, "Government Systems", *South Africa Yearbook 2019/20*, Private Bag X745, Pretoria, 2020, p. 11.

南非边界地区，最终注入印度洋，全长1680千米，流域面积38.5万平方千米，由于河道上多险滩，亦不能通航。①

南非其他的主要河流还有流经豪登省和自由州省的瓦尔河、流经自由州省和北方四省的法尔河、夸祖鲁纳塔尔省的图盖拉河、东开普省的森迪斯河、林林波省的莱塔巴河。由于季节性干旱，南非境内只有约25%的地区河流常年水量充足，在西部内陆地区的河流除了雨水充沛的夏季有水之外基本处于干涸状态，有的河流枯水期长达半年。南非在许多河流的中上游建有水库和发电站，向当地提供了生活用水和电力。

（2）气候

南非地处亚热带，受该国三面海洋和内陆高原海拔的影响，大部分地区为暖温带气候，年平均气温在10℃以上。西南部平原地区属地中海型气候，东北部沿海地区属亚热带气候，西北部沙漠地区终年干旱炎热，东部山区冬季有降雪。南非三面环海，印度洋的莫桑比克暖流和大西洋的本格拉寒流对南非气候有重要影响，导致南非东西部气温相差较大。虽然南非各个地区气候略有差异，但南非全境总体

---

① ［美］不列颠百科全书公司编：《不列颠简明百科全书》，中国大百科全书出版社《不列颠百科全书》国际中文版编辑部译，中国大百科全书出版社1985年版，第355页。

气候较为温和。

南非日照十分充足,但降雨量偏小,全年境内年均降雨量仅为464毫米,远低于世界平均水平,较为干燥。南非缺少天然形成的大湖泊和具有航运价值的河流。降雨分布亦不均衡,东部和南部沿海地区年降雨量为2000毫米,但其他地区通常只有夏天有降水。①

(3) 自然资源

南非拥有丰富的矿产资源,包括黄金、铂金、钻石、煤炭等。种类多、储量大、产量高,是世界五大矿产资源国之一。威特沃特斯兰德盆地有全球储量最丰富的金矿带,南非近98%的黄金产自该地区,而在整个20世纪,世界黄金总产量有近一半来自南非。在姆普马兰加省、林波波省和西北省,存在一个东西向方圆5万平方千米的浅碟形地质构造,是世界第二富含矿产的地质构造。目前南非除黄金外,锰矿石、铬矿石、钻石、氟石、钛族矿石、铝硅酸盐、铂族金属等多种矿产资源的储量、产量和出口量均位于世界前列,个别种类在全球储量中比重超过50%。②

---

① Government Communications, "Land and its people", *South Africa Yearbook 2019/20*, Private Bag X745, Pretoria, 2020, p. 2.
② Government Communications, "Mineral Resources and Energy", *South Africa Yearbook 2019/20*, Private Bag X745, Pretoria, 2020, p. 5.

表1-1　　　　　　南非重要矿产资源储量及在世界的排名

单位：万吨

名称	储量（万吨）	占世界比重（%）	世界排名
钻石	7	87.7	1
黄金	3.1	29.7	1
铝硅酸盐	5100	37.4	1
铬矿石	5500	72.4	1
锰矿石	4000	80	1
钒	1200	32	2
钛族矿石	24400	16.3	2
蛭石	8000	40	2
氟石	8000	16.7	2
铂族金属	6.3	95.5	1

数据来源：南非矿产资源部。

南非三面环海，拥有近150万平方千米的海洋专属经济区，沿海及近海水域天然气和石油储量预计分别达到110亿桶、90亿桶。但受开采技术限制，目前南非能源供给主要依靠煤炭，石油天然气等油气资源主要依赖进口，近年来核能、太阳能、风能等清洁能源在南非能源供给中份额逐步增大。

南非拥有丰富的植被和动物资源，是全球生物多样性水平最高的国家之一。多样的气候条件十分适宜生物的发展。南非国土大部分是草原，各种草类、灌木丛及金合欢类植物遍布于南非的草原之上。按照生物统计学，南非拥有8个陆生植物聚集群，共有70个草科类型植物。南非境内共有2万多种植物，约占全球植物种类的十分之一，其中约8000种分布在西开普省。著名的开普角植物园区是拥有世界上类似气候带已知生物物种最密集和多样的园区。尽管南非的植物种类十分丰富，但是该国的森林覆盖率不足15%，主要分布在印度洋沿海平原地区和山脉间的坡地上。桉树类和松树类等外来树种是南非森林的主要种类。目前，黄木、臭木和铁木等硬本类树种受到南非政府的严格保护。

南非的动物种类同样十分丰富，拥有世界上5.5%的昆虫类物种、5.8%的哺乳类物种和16%的海洋类物种。[1] 大象、狮子、野牛、犀牛、豹子是南非著名的五大野兽。大西洋的本格拉寒流和印度洋的厄加勒斯暖流交汇于南非海域，使得南非成为海洋生物种类最多的国家之一，沿海发现的动物和植物种类超过1万种。依靠丰富的动植物资源，南非闻名于世的自然保护区和野生动物园成为吸引国际游客的重要旅游资源。

家禽、牛羊肉、水果、玉米等是南非主要的农业资源，南非向世界各国出口品质优异的柑橘。南非同时还是排名世界前十的葡萄酒生产国家，据相关资料统计，

---

[1] 杨立华主编：《列国志·南非》，社会科学文献出版社2010年版，第11页。

2020年前葡萄酒总出口量达3.2亿升。南非的波尔山羊是名扬海内外的肉用山羊品种。葡萄酒、羊毛、鸵鸟产品等产销量位居世界前列。

3. 居民与宗教

（1）人口

南非宜人的气候和丰富的资源使得南非成为非洲大陆白人移民最多的国家，同时也吸引了相当数量的亚洲移民。根据南非国家统计局2021年7月最新的人口统计，南非总人口为6014万，其中男性2939万，女性3075万。非洲人种约占总人口的80.9%，达4864万；白种人466万，约占总人口的7.8%；亚裔移民155万，约占总人口的2.6%。从年龄结构上看，南非15岁以下人口总数为1704万，约占总人口的28.3%；60岁以上人口总数为551万，约占人口总数的9.1%，年轻人占人口总数的比例较大。从地域分布上看，豪登省是南非人口最多的省份，总共有1581万南非人居住于该省，约占总人口数的26.3%；夸祖鲁纳塔尔省是南非人口第二多的省份，共有1150万人居住于该省，约占总人口数的19.1%；北开普省是南非人口最少的省，只有130万人居住于该省，约占总人口数的2.2%。[①]

---

① Statistics South Africa, "Stats SA Census 2022", Spring 2023, https://census.statssa.gov.za.

1994年结束种族隔离制度后，南非国家统计局先后于1996年和2001年进行过两次人口普查。1999年《统计法》规定，南非每十年进行一次人口普查，两次人口普查之间每五年进行一次大规模社区人口调查，为纠正种族隔离制度在发展和资源等方面的种族歧视，实现社会和谐有序发展提供了依据。南非统计局于2022年2月开始新一次人口普查，将首次数字化人口统计，目前整体数据还未公布。

（2）民族

南非是一个多种族、多民族国家，素有"彩虹之国"的美誉。南非人种包括非洲黑人、白人、有色人和亚洲人。

非洲黑人是南非的土著居民，占南非总人口的大部分，是南非的主体种族。科伊桑人和班图尼格罗人是南非最早的土著居民。公元3世纪前后，北方班图人南下，形成了恩古尼人和索托人，并与南非当地的科伊桑人融合。经过长期的历史演化后，当代南非黑人主要分为祖鲁族、科萨族、斯瓦蒂族、恩德贝莱族、索托族、茨瓦纳族、聪加族、文达族八个部族。[1] 祖鲁族是南非最大的部族，主要居住在夸祖鲁纳塔尔省、豪登省和姆普马兰加省；科萨族是南非第二大部族，

---

[1] 李毅夫、赵锦元主编：《世界民族大辞典》，吉林文史出版社1994年版。

主要居住于东开普省和西开普省；斯瓦蒂族是恩古尼人的北支，同时也是南非邻国斯威士兰的主体民族，与祖鲁族社会文化相近，主要居住在姆普马兰加省；恩德贝莱族属祖鲁族支系，主要居住于姆普马兰加省；索托族分为南、北索托人两个支脉，其祖先来自现今尼日利亚东部，主要居住在豪登省和自由州省；茨瓦纳族是索托人南迁的西支，主要居住在西北省和北开普省；聪加族与南非邻国莫桑比克的聪加人同族，主要居住在北方省；文达族是班图人当中相当独立的部族，主要居住在北方省。

南非白人是南非的第二大种族，主要包括阿非利卡人和英裔非洲人，还有少量的葡萄牙裔、希腊裔和意大利裔白人和犹太人。开普敦殖民地建立之后，大量荷兰裔移民涌入南非，一些德国移民和法国新教徒相继来到南非，最终融合形成了南部非洲特有的以荷兰语为基础的白人民族阿非利卡人。虽然他们在文化和宗教上依然受到欧洲文化的影响，但是如今的阿非利卡人已经与欧洲国家脱离了政治联系，并在心理和思想状态上形成了排他和自我封闭的本土特征。1867年和1886年在南非发现钻石和金矿后，大量英国移民涌入南非，并与其他欧洲移民融合形成了英裔非洲人。现今的英裔非洲人讲英语，信奉基督教新教，主要从事采矿业和工商业，在南非的经济和文化领域仍占优势，主要居住在西开普省、北开普省、东开普省和夸祖鲁纳塔尔省。

有色人是早期欧洲移民与非洲黑人以及亚洲人的混血后代，主要分为格里夸人和开普马来人。格里夸人是早期布尔人和霍屯督人的混血后裔；开普马来加人系霍屯督人与荷兰殖民者从爪哇岛、马达加斯加等地运来的亚洲裔奴隶的混血后裔。有色人现多居住在西开普省、北开普省和东开普省，是西开普省第一大族裔。

南非亚裔绝大多数属于印度裔，主要居住在夸祖鲁纳塔尔省。19世纪后半叶，南非农业和采矿业发展迅猛，矿场和甘蔗种植园内严重缺乏劳动力，英国殖民当局从亚洲输送了大量契约劳工，形成了如今的南非亚裔群体。

(3) 语言

种族隔离时期，英语和阿非利卡语是当时的白人政府规定的官方语言。结束种族隔离制度后，1996年南非新宪法根据南非民族的多样性，将英语、阿非利卡语、恩德贝莱语、科萨语、祖鲁语、塞佩提语、索托语、斯瓦蒂语、茨瓦纳语、文达语和聪加语11种语言均规定为南非官方语言。[①] 宪法同时规定，南非人拥有使用自己选择的语言和参加文化活动的权利。2003

[①] Government Communications, "Land and its people", *South Africa Yearbook 2019/20*, Private Bag X745, Pretoria, 2020, p. 3.

年颁布的《南非国家语言政策框架》提出了以下指导原则：保护和促进南非语言和文化的多样性；确立语言多样性是一种资源的意识；通过加强语言平等来促进和巩固民主制度；鼓励民众学习母语之外的南非语言。除了11种官方语言外，南非政府还对处于濒危状态的土著语言采取了保护和抢救措施。

南非法律还规定各级政府可以根据实际情况选用任何官方语言作为办公用语，同时至少应该使用两种文字。英语和阿非利卡语为南非的通用语言，同时，英语仍是南非第一大通用语言。

（4）宗教

南非宪法规定保障公民的宗教信仰自由，政府不得干涉人们的宗教活动。世界各主要宗教在南非均有信奉，呈现出多元化的特征，据南非统计局人口普查数据，仅有10%左右的南非人民没有宗教信仰，宗教活动在南非相当活跃。

基督教是南非的第一大宗教，全国人口的79.8%是基督教信徒，南非有非常多的官方或非官方基督教会组织，非洲人独立锡安教会是南非最大的基督教团体，在全国有四千多所教堂，信众超过1000万人，遍布城乡各地。阿非利卡人主要信仰新教，罗马天主教虽然在南非不占主流，但是近年来逐渐在发展。南非还有卫理公会、英国圣公会等其他基督教分支。

非洲传统宗教在南非社会中具有很强的文化基础，由于西方传教士的影响，大部分南非原住民都信奉基督教，但仍有数百万人信奉非洲传统宗教。印度裔南非人大多信仰印度教。近年来，伊斯兰教在南非发展迅猛，信众从以开普马来人为主逐渐向其他民族扩散。犹太教、佛教在南非亦有分布，但受众不多。

4. 科教与医疗

（1）科技

南非的科技水平在全非范围内首屈一指，国内科技管理体系较为健全。科技立法方面，下辖于国民议会的科技与文化艺术委员会科技分委会全权负责相关的科技立法工作。科技管理方面，国家科技委员会是政府最高科技管理机构，全面负责科技执法。南非在矿业科技、医疗科技和农牧业科技领域较为领先。在2020—2021财年，南非政府拨款164亿兰特用于科技事业。南非政府还制定了一系列有关科技发展的规划、战略和政策，有力地推动了南非科技创新，助力南非经济发展。

（2）教育

南非目前拥有公立高等院校27所，其中综合性大学9所，技术学院6所，普通学院11所，还有一所国家高等教育学院。2017年公立院校共有103.7

万名注册学生。截至 2019 年 3 月,南非共有私立高等院校 135 所,共有学生 18.5 万人。南非大学、开普敦大学、金山大学、约翰内斯堡大学等是南非的著名高校。南非实行 9 年制义务教育,法定入学年龄为 5 岁。全国共有中小学 27850 所,学生超过 1200 万人,共有教师 36.6 万人。在最近的人口普查中,南非的成人文盲率为 6%,在其余 94% 的识字人口中,有 9% 左右的人口接受过高等教育,新南非完成政治转型后,一直致力于建立一个不分肤色、不分种族的平等享有接受教育权利与义务的体系,在教育过程中注重对本土语言的保护,同时推崇文化多样性,营造良好的学术自由交流环境。教育预算在南非政府开支中占比较大,在 2020—2021 财年预算中,教育经费支出高达 2486 亿兰特。

(3) 医疗

南非的医疗卫生体系较为发达。政府一直致力于建立一个惠及大众的平等、可靠和高效的国家卫生体系来提高民众的健康水平和幸福指数。除了公立医疗外,南非的私营医疗水平也十分发达。肺结核、疟疾、麻疹和性病是该国发病率较高的传染病。同时,南非是世界上受艾滋病影响最为严重的国家之一。2021 年,南非艾滋病病毒携带者占总人口的比例约为 13.7%,在 15—49 岁的成年人中,这一比例高达

19.5%。南非男性预期寿命为 59.3 岁,女性为 64.6 岁,婴儿出生死亡率为 2.41%。[①] 在 2020—2021 财年,南非政府投入医疗的计划预算为 2297 亿兰特,达到了中等发达国家水平。

(二) 南非政治概况

1. 政体与宪法

(1) **政体**

1996 年南非新宪法规定,南非实行行政、立法、司法三权分立的制度,中央、省和地方三级政府相互依存,各行其权。

南非是总统共和制国家。南非总统既是国家元首,又是政府首脑,由多数党的党魁担任。南非的总统共和制结合了总统制和议会制。[②] 不同于其他总统共和制国家,南非总统不由选民直接选举产生,而是由议会选举产生,南非总统拥有解散议会的权力。

(2) **宪法**

南非历史上曾经拥有多部宪法,但是 1994 年临时宪法是第一部真正意义上体现种族平等的宪法,标志

[①] Risenga Maluleke, *Mid-year population estimates 2021*, Statistician-General Statistics South Africa, 2021, p.5.

[②] 宋徽主编:《世界主要政党规章制度文献·南非》,中央编译出版社 2016 年版,第 3 页。

着在法律上废除了南非白人种族主义统治，并成为后来新宪法的蓝本。

以南非非洲人国民大会（以下简称非国大）为主导的全国团结政府成立后，南非政府历时两年推动制定南非新宪法。1996年5月制宪会议正式通过《南非共和国宪法法案》，标志着南非新宪法的诞生。新宪法全文分序言、14章共243条，其中著名的人权法案被誉为"南非民主的基石"，对公民各项权利做了明确保障。国家最高法律为南非宪法，任何其他法律或行政命令都不能取代宪法。南非宪法以种族平等、性别平等和保障公民广泛的民主权利为主要特点，和种族主义泛滥的旧宪法形成鲜明对比，被普遍认为是世界上最进步的宪法之一，得到了国际社会的高度评价。南非新宪法坚持国家统一原则，维护自由平等民主价值，对南非公民的人权、公民权利、尊严给予充分保障，并且承认民族文化和政治文化的多样性，照顾少数人的权利。南非新宪法还保证宗教信仰的自由，同时新宪法第九章还专门设立了公民保护者、南非人权委员会、选举委员会、性别平等委员会等独立机构，确保它们只受宪法和法律约束，能够独立公正地完成对应使命。

南非新宪法规定，修改宪法序言部分须得到国民议会四分之三以上议员和省务院的六省通过；修改宪法其余条款须得到国民议会三分之二以上议员通过；如果修宪部分涉及省务条款，还须得到省务院中的六省通过。

2. 政权体制

（1）立法体制与立法程序

南非的立法机构为议会，负责依照宪法制定国家法律。南非采用两院制，分为国民议会和全国省级事务委员会（以下简称省务院），两者的任期均为五年。国民议会类似于众议院，设有400个议席。其中，200个席位按照全国选举结果分配，另外200个席位则根据各省选举结果分配。国民议会的职责包括：选举总统，通过法律，审查和监督政府的行政行为，讨论公共事务等。省务院相当于参议院，由54名常任代表和36名特别代表组成，其使命是确保在全国性政府事务中代表各省的利益。[1] 每省共有10名代表，其中6名常任代表由省议会根据各政党在省议会中的比例选派，4名特别代表由省长及其任命的其他3名特别代表组成。省务院设主席一名，常务副主席一名，另一名副主席由各省代表团推举的常任代表轮流担任。省务院的职责包括：参与修宪，在宪法所规定的功能领域内

---

[1] 夏吉生、杨鲁平等：《非洲两国议会》，中国财政经济出版社2005年版，第88页。

立法，审议通过国民议会通过的议案等。

本届国民议会于2019年5月通过全国和9省议会选举产生，其中非国大占230席，民主联盟84席，经济自由斗士44席，因卡塔自由党14席以及占有10席的新自由阵线，剩下席位被非洲转型运动党、好党占有。国民议会议长由来自非国大的坦迪·莫拉塞担任。同样来自非国大的阿莫斯·马松度担任省务院主席。

根据南非宪法第四章对立法程序做了明确规定。国民议会通过的议案如涉及省务，还需提交省务院表决。省务院在作出任何决议之前，要从各省获得授权，通过的所有议案还需提交国民议会通过。如两院就某一议案有分歧，则两院联席会议按半数以上多数票通过。涉及财政、省的边界与权限、修改宪法等特殊议案，南非宪法还规定了特殊限制条款，如只有负责全国财政事务的内阁成员才有资格向国民议会提交有关财政的议案，而省务院无权接受财政议案；涉及省的议案，不仅需要两院分别通过，还需要得到该省议会的多数通过。

南非除了国民议会和省务院外，设置相应的专门委员会、临时委员会和两院联合委员会与政府各职能部门相对应，只有内阁成员、副部长或委员会成员可以向国民议会提交议案；也只有省务院成员和或委员会成员可以向省务院提交议案。最后所提交的议案需要总统来签署，并且总统有权力将已经通过的议案发回议会重新表决。

（2）行政体制与政府架构

南非宪法第三章对中央和地方政府的运作做了原则性规定，各级政府必须维护国家的和平统一，维护南非的独立完整，必须保障和发展全国人民的幸福。南非行政体制由中央、省级和地方三级政府构成，这样的垂直管理体系使其三者各司其职，但又相互依托，但是各级政府不得越权行事，不得互相侵犯地域和职能，南非现拥有9个省政府，设有278个地方政府，包括8个大都市、44个地区委员会和226个地方委员会。

中央政府实行总统内阁制。中央行政机关所在地位于南非的行政首都茨瓦内。总统兼任政府首脑，领导内阁工作。内阁由总统、副总统和所有政府部长、副部长组成。南非宪法规定，共和国的行政权授予总统，总统与内阁其他成员共同行使行政权。副总统和各部部长由总统从国民议会议员中委派或任命，并赋予权力和职责，总统还可以根据实际情况任命副部长协助部长工作。副总统的职责是协助总统行使政府职能。内阁成员既需要向总统负责，也需要就权力和职责的履行情况向议会负责。[①] 本届南非中央政府成立于

---

① 郑宁、莫于川：《南非行政法掠影》，《宪政与行政法治评论》（第二卷），中国人民大学出版社2006年版，第399页。

2018年2月。新政府内阁成员包括总统西里尔·拉马福萨、副总统戴维·马布扎、35位部长及36位副部长。2019年5月，拉马福萨对政府内阁进行改组，将原先的36个政府部门精简为28个，主要的政府部门有总统府部，部长杰克逊·姆坦布；内政部，部长阿伦·莫措阿莱迪；财政部，部长蒂托·姆博韦尼；国际关系与合作部，部长娜莱迪·潘多尔；国防和退伍军人部，部长诺西维韦·马皮萨-恩卡库拉；农业，土地改革和农村发展部，部长托科·迪迪扎。[①]

南非省一级行政单位由省长和5—10名执行委员会组成。省长是省政府的首脑，省政府实行省长负责制。省政府在一些领域拥有排他性的管理权限，如救护事务、酒类注册、屠宰场、省内交通规划、省内娱乐活动、省内文化事务等。

地方政府以市为单位，以市政机构作为地方行政机关，并设有市政委员会、市长、行政委员会或市长委员会以及专门委员会。地方政府根据宪法和法律行使对本地辖区事务的全部行政管辖权。大都市区一般还设有议长，负责召集市政委员会会议。绝大多数地方政府实行市长负责制，市政委员会通过选举产生市长，并赋予其市内行使最高行政权力，市长再通过任

---

① Government Communications, "Government Systems", *South Africa Yearbook 2019/20*, Private Bag X745, Pretoria, 2020, p. 5.

命市长委员会各成员组成市政府班子来行使政府权力。

(3) 司法体制与司法机构

南非宪法第八章规定了南非的司法制度。按照宪法第165款的有关规定，南非的司法制度实行司法独立原则、法律面前人人平等，司法权力属于依照宪法成立的各级法院和其他机构。司法机构在行使司法权力中必须严格依法办事，保证不偏不倚的公正立场。任何人员和政府单位不得干预司法机构的工作。南非的司法行政管理机构是中央政府的司法部和各级地方政府的司法管理部门。

南非的司法机构主要由法院、刑事司法和检察机关三大系统构成。此外，还有一些根据历史和社会现状设立的机构。法院系统由宪法法院、最高上诉法院、高等法院、地方法院和特别法院组成。南非建立了非常严格的司法审查制度。位于约翰内斯堡的宪法法院不仅有权对总统、议员提交的议会法案和宪法修正案的合法性进行裁决，还负责处理中央、省和地方政府之间有关宪法的争议，[①] 并能裁定总统行为和决定是否违宪，是负责解释、保护和实施宪法的最高级法院，现任宪法法院院长是莫洪恩·莫洪恩。设在布隆方丹的最高上诉法院是除了宪法事务外普通法院体系内的

[①] 丁梦娇：《1910年以来南非国家政治发展道路特点及启示》，《理论观察》2013年第12期。

最高级法院，其判决对所有下级法院均有约束力，现任首席大法官是莱克斯·姆帕蒂。刑事司法系统由警察部、政府司法及宪法发展部和狱政部构成，分别负责警察事务、司法行政管理事务和狱政事务。而检查系统则是国家检察总署，由国家总检察长和3名副总检察长负责领导，下设国家检察办公室、特殊行动处以及财产没收、社区事务、特殊商业犯罪、证人保护等单位，现任总检察长是肖恩·凯文·亚伯拉罕斯。

3. 主要政党与社会团体

（1）主要政党

南非实行多党民主制，国民议会现有13个政党。执政党为非国大领导的"3+1"执政联盟，包括非国大、南非共产党、南非工人大会和南非全国公民组织。南非的主要党派包括非国大、民主联盟、经济自由战士、因卡塔自由党、南非共产党、人民大会党等。

非国大全称为南非非洲人国民大会（African National Congress），是南非民族团结政府中的主要执政党，同时也是南非最早、最大的黑人民族主义政党。成立于1912年，1925年改为现名，目前成员约100万人。非国大领导了南非反种族主义的斗争，并长期坚持非暴力原则，在南非平稳过渡和新南非建立过程中发挥了关键作用。在新南非建立后的6次大选中，非国大均以过半的得票率取得执政地位。2019年5月第六次全国大选中，非国大以57.71%的得票率再次胜选。

民主联盟（Democratic Alliance）是议会第一大反对党。前身是民主党，在2000年6月与新国民党合并后改为现名。该党主要成员为白人，代表英裔白人工商金融界利益。民主联盟是白人"自由派"左翼政党，其前身民主党在新南非转型过程中，同样对种族隔离制度深恶痛绝，主张废除并积极参与民主和平的建设，主张废除种族隔离，积极参与南非和平进程。在2019年大选中，民主联盟得票率为20.76%，获得了国民议会中84个议员席位。

经济自由战士党（Economic Freedom Fighters）创建于2013年7月，由非国大附属组织非国大青年联盟前主席马莱马牵头成立，该党派属于极左翼政党，主张政策都极为激进，对南非向来复杂的土地问题全部无偿回收，并对矿产等相关资源企业实施国有化，虽然经济自由战士党成立时间较晚，但2014年该党首次参选就获得了6.35%的得票率，坐拥国民议会25个议员席位并成为两个省的最大反对党，在南非民众特别是黑人青年群体中有较强影响力。

因卡塔自由党（Inkatha Freedom Party）前身为1928年成立的"民族文化解放运动"，是以夸祖鲁纳塔尔地区祖鲁族为主体的黑人民族主义政党，主张通过和平谈判解决南非问题，积极争取黑人解放，1990年改组为政党使用现名并向所有种族开放。在1994年全国大选中得票率高居第三并进入了民族团结政府。该党的传统势力范围是夸祖鲁纳塔尔省。在2019年大选中，因卡塔自由党在全国范围内得票率为3.38%。

南非共产党（South African Communist Party）成立于1921年7月，当时该党派主要由白人工人和社会主义者组成，他们历经欧洲工人斗争并受到启发，并以实现共产主义为目标成立该党，1950年在政府镇压共产主义法案威胁下解散，但于1953年在地下重组为南非共产党。自成立以来，南非共产党致力于改变南非政治格局，并于20世纪60年代与民主党密切合作，在1990年解禁获得合法身份后，与非国大、南非工人大会结成"三方联盟"，南非共产党员以非国大成员身份参加选举，进入政府内阁。南非共产党参与围绕工人权利问题展开斗争，推动民族主义革命，在南非政治中发挥着重要作用，2017年7月南共第14次全国代表大会上，恩奇曼迪续任总书记，并于2019年大选后被拉马福萨政府任命为科技部长。

人民大会党（Congress of the People）成立于2008年11月，由部分脱离非国大的内阁和地方政府高官组成。该党主张建立一个真正不区分种族，没有阶级和性别歧视的人民政党，力求改革现行选举制度和政府官员体制。人民大会党呼吁集中力量打击犯罪，加强社会治安，大力发展农业和出口导向型的劳动密集型产业。在近几次大选中，人民大会党得票率逐渐式微，该党现任主席是莫修瓦·莱科塔。

除了上述几大主流政党外，活跃在南非议会当中的其他政党还有非洲基督教民主党（African Christian Democratic Party）、联合基督教民主党（United Christian Democratic Party）、联合民主运动（United Democratic Movement）、少数阵线（Minority Front）、阿扎尼亚泛非主义者大会（Pan Aricanist Congress of Azania）、阿扎尼亚人民组织（Azanian People's Organization）、非洲人民大会党（African People's Convention）等。

（2）工会

南非的工会组织势力十分强大。主要工会组织南非工人大会（Congress of the South African Trade Union，COSATU）是执政联盟"三方联盟"的重要成员。该组织成立于1985年12月，在种族隔离时期一直冲在反对种族隔离斗争的前线，为争取劳工的权力而斗争，主张各族工人团结一致，呼吁"一个产业、一个工会"，"一个国家，一个工会联合会"全世界工人大联合。COSATU坚持为争取社会主义而斗争，打造一个经济平等、摆脱贫困的新南非。该组织现下辖21个产业工会，据统计，在南非全国有 180 多万缴纳工会会费的会员人数。

工会会员通过工会反映自身诉求，在以工会为平台开展一系列斗争下，南非政府为保护工人相关利益制定了一整套强化劳工保护的劳工法律，内容涉及工时、休假、组织工会、罢工等内容，包括《就业公平法》《劳工关系法》《技能发展法》《基本就业条件法》《黑人经济授权法案》《广泛黑人经济授权法案》等。这些法律对保护南非工人权益，维护社会公平发挥了积极作用。但同时在法律框架下，对保护工人法律体系的完善和过分关注一定程度上会使工人罢工频繁，相对给社会埋下了不稳定因素。2017 年 9 月，COSATU 组织策划了全国大罢工，并得到了全国多个商业协会的支持和赞助。2018 年年底，由于大型矿业巨头宣布裁员，南非矿业工人与建筑协会组织了长达数月的大罢工，对南非经济造成了巨大打击。2018 年 6 月，由于与国家电力公司谈判破裂，工会组织了电力工人大罢工，导致全国出现大范围停电。2019 年 11 月，由于南非航空机组人员大罢工，南非航空公司不得不取消 100 余架次的国内和国际航班，不仅使航空公司损失了 2 亿多兰特，还令南非的国际形象受损。

（3）主流媒体

南非的新闻业十分发达，在非洲特别是南部非洲具有较强影响力。无论是传统纸媒还是新媒体运作手段都较为成熟。南非主流媒体与西方媒体渊源颇深、关系紧密。其办报宗旨、价值理念和新闻取向都深受西方影响。

南非主要的传媒集团包括独立传媒集团（Independent News&Media Limited）、全国传媒集团（Naspers, Nasionale Media Beperk）、阿福萨（Avusa）、新非洲出版公司（New African Publicantion Ltd.），主要报刊有《星报》（*The star*）、《每日新闻》（*Daily News*）、《映像报》（*Beeld*）、《商报》（*Business Day*）、《公民报》（*The Citizen*）等。

南非电视台主要有南非国家电视台（South African Broadcasting Corporation）多个频道、南非广播公司电视台、南非商业电视台等。南非的电视台以多种语言和多套节目向南非及南部非洲其他国家播放。南非广播公司成立于1936年8月，由英国广播公司（British Broadcasting Corporation）资助成立，总部位于约翰内斯堡，在开普敦、金伯利、德班、伊丽莎白港、波特斯堡和茨瓦内均设有分站，不仅是南非传媒中的巨头，也是非洲最大最有影响力的广播公司。

4. 政情分析

（1）社会治安

根据国际刑警组织的数据，南非是世界上犯罪率最高的国家之一,各种刑事犯罪是南非最为突出的社会问题。犯罪总量高,社会治安形势相当严峻。近年来南非暴力犯罪总量居高不下。2018年4月至2019年3月间,南非警方总共受理了200多万起恶性犯罪事件,其中谋杀案21022起,女性被谋杀案件达2771起,儿童谋杀案1014起。除了谋杀案外,恶性抢劫、涉枪案件等多种暴力犯罪亦时常发生。南非居民可以合法持有枪支,根据2000年南非枪支管制法,21岁以上成年人经过严密的调查后可以申请持枪证,但散落在南非民间的非法枪支高达数百万支,成为威胁南非社会治安的重大隐患。近年来针对中资企业和中国公民的暴力犯罪亦时有发生。

新冠疫情初期,由于南非政府在全国范围实行"封锁令",2020年上半年南非治安情况较2019年同期相比大幅好转,谋杀案、强奸案、故意伤害袭击案、抢劫案均出现大比例下降。但随着南非疫情持续恶化,南非经济出现大幅下滑,社会治安情况随之陡然严峻。根据南非警察部的数据,南非每天死于谋杀的人数从疫情前的58人增长为61人,针对华人的谋杀案同步上升,2020年8月和10月南非知名侨领接连遇害,针对华人商铺的抢劫行为亦有所上升。

近年来,南非骚乱频仍。2019年9月初,南非约翰内斯堡爆发了针对外来移民的暴力排外骚乱,一度引发了南非与尼日利亚之间的外交风波。2021年7月，由于南非前总统祖马被捕引起的抗议活动逐步演化为骚乱，席卷了豪登省、夸祖鲁纳塔尔省、普马兰加省和北开普省，共造成212人死亡，超过2500人被捕。虽然南非政府颁布了《防止犯罪法》等一系列旨在降低社会犯罪率的法律，但是由于南非新宪法废除了死刑，使得暴力犯罪分子在作案时缺乏威慑、无所顾忌。经济形势的持续恶化、贫富差距的扩大和青年失业率的居高不下是使南非治安骚乱频发、社会治安形势严峻的深层次原因。

（2）选举分析

南非选举奉行比例代表制原则，有利于小党的参政。新宪法规定国民议会应根据全国大选的结果按不同政党的得票比例分配议员席位，这使得小党在大选中即使只获得了0.25%的选票也能在国民议会中获得1个席位。而省务院的54名常任代表同样按照各政党在省议会议员比例进行分配。南非实行普遍、平等、直接与间接相结合的选举制度。主要选举包括总统选举、国民议会选举和省务院选举。国民议会400个席位中一半按照九省人口比例进行分配，根据全国选举结果从各党的省级候选人名单中产生；另一半根据全国大选得票比例从全国候选人名单中产生。省务院的常任代表按照各政党在省议会的比例分配，但同时必须确保少数党的名额。在内阁成员分配上，虽然总统有任命权，但是宪法明文规定任何在国民议会中获得20议席（5%）以上席位的政党都有资格在政府中产生1名部长。[①] 所以在实际过程中，只有在总统、副总统以及其他政府政党领袖产生后，进入政府再通过协商来确定其余的部长人选和具体职位，这些制度的确立保障了中央政府层面并不是"赢者通吃"的多数统治，而是"权力分享"的多党联合执政。

南非的选举制度和历史因素使得在南非政党政治实践中出现了"多党制下各党竞争之中保持合作，多党竞争一党独大"的特点。从实际来看，三方执政联盟在运作中结成了短期合作性政党关系模式，在正当关系模式下互有竞争，非国大与南共的政治联盟实质上是民族主义政党和无产阶级政党二者相联合，自上而下几乎可以代表广大南非人民的利益，而南非工人大会坐拥庞大工会组织的附属产业，在南非政治社会化过程中发挥着重要作用，具有强大的社会动员、资源整合、价值导向等能力，一方面自上而下可以发挥政治社会教化功能，辅助执政；另一方面自下而上反映民众诉求，协调矛盾。在可以预见的将来，非国大的实力和领导地位在中央和地方选举中都是无法挑战

---

① 夏吉生：《南非临时宪法的特点和作用及新宪法的制定》，《西亚非洲》1996年第5期。

的。从非国大自身来讲，曼德拉的政治遗产还将继续发挥作用，同时，非国大自创始以来始终坚持以民主和政治包容性为特征，能够主动放低姿态与盟友进行沟通克服执政联盟内部的矛盾。面对反对党的挑战和攻击，非国大采取拉打结合的战略，一面继续揭露白人种族主义政府的罪行，一面则对反对党内部进行安抚，多次邀请反对党成员入阁。而从反对党角度来看，各类反对党之间难以找到利益平衡点和共同点并以此为基础形成反对党之间的政治联盟，现实情况仍是以自身党派为主争取利益。面对非国大"一党独大"的局面，执政联盟其他两党在保持合作的基础上，也在竭尽全力保全自己的独立性。总体而言，虽然执政联盟的三方势力在意识形态、利益诉求方面有着绝对的斗争性，但是就目前来看，非国大、南非共产党、南非工人大会的执政联盟依然相当稳固，不致因为具体政见分歧而走向解体。

（三）南非经济发展评析

1. 经济结构和经济环境

（1）经济结构

南非是非洲第二大经济体，同时也是"G20"、金砖国家等重要国际组织中唯一来自非洲的国家，是外部投资进入非洲的桥头堡。在被殖民前,南非与非洲大陆其他国家一样以农牧业为主,从新航路开辟、西方殖民者建立开普敦殖民地之后,逐步向北开拓过程中发现钻石黄金以及其他矿产资源后逐步将其发展为支柱产业。南非制造业在第二次世界大战前发展迅速,其总产值逐步超过采矿业。现如今,南非已经拥有世界领先水准的采矿产业、门类较为齐全的现代制造业和现代化农业。

南非的主要经济产业包括制造业、矿业、农业、通信业和旅游业。由于起步较早,已经具备了完整的制造业体系,2020年总产值占全年国内生产总值(Gross Domestic Product,GDP)的11.46%,主要工业部门有钢铁、冶金、化工、机器制造、食品加工、运输设备、纺织和服装等。南非还是汽车制造大国,是世界汽车及零部件主要制造国家之一,宝马、福特等汽车企业巨头在南非都拥有生产基地,推动南非制造业的发展。采矿业依然是南非经济支柱之一,全行业增加值位列世界第五。铂金产量位列世界第一,斯班(Sibanye)公司是南非最大的黄金生产商,也是世界最主要的铂族金属供应商。2019年南非铂金、黄金、煤炭出口分别位居世界第二、第三、第六位。采矿业涉及的采矿机械、矿井通信、冶炼加工技术世界领先并输送到全球各地。2020年,采矿业总产值占全年GDP的4.56%。

表1-2　　　　　　　　　　2020年南非GDP结构

行业	总产值（亿兰特）	占GDP比重（%）
农业	1191	2.78
采矿业	1950	4.56
制造业	4904	11.46
电力、水、煤气供应业	1009	2.36
建筑业	1131	2.64
批发零售住宿业	4933	11.53
交通、仓储和通信业	3184	7.44
金融、地产和商业服务业	10166	23.75
政府服务业	3693	8.63
个人服务业	6633	15.50

数据来源：Statistics South Africa, "Statistics Releases the Gross Domestic Product (GDP) 2nd Quarter", Autumn 2021, https://www.gov.za/speeches/statistics-releases-gross-domestic-product-gdp-2nd-quarter-07-sept-2-sep-2021-0000.

南非的现代农业十分发达。全国从事农牧渔业的总人数约占人口的6%。花卉、水果、羊毛是南非著名的农产品。南非的各类罐头食品、烟、酒等产品畅销海外。南非农作物以玉米为主，玉米总产值约占所有农作物的40%。2020年南非农林渔牧总产值1191亿兰特，约占当年GDP的2.78%。电信和信息技术产业是南非近年来兴起的新兴产业，电信综合发展水平位列世界第20位。南非境内有500万部固定电话，超过2900万移动电话用户和2858万网民。"TELKOM"是南非主要的固定线路通信服务商，同时也是非洲最大的电信公司。移动运营商主要有："MTN""Cell C""Vrigin Mobile""Vodacom"和"8ta"。南非最大的信息技术公司 DATATEC 在世界市场上具有很强竞争力，业务已经遍及北美、拉丁美洲、欧洲、非洲、中东和亚太地区 50 多个国家，在英美市场中也开辟了广大业务，占据一席之地。南非的旅游业十分发达，依靠着境内极其丰富的自然和人文旅游资源，南非常年是接待国际游客最多的非洲国家。在过去十年里，旅游业是南非各经济部门发展最为迅猛的行业之一。南非旅游设施完备，国内有超过 700 家大型酒店、2800 多家中小型宾馆和万数以上家餐馆。世界经济论坛 2019 年旅游竞争力报告显示，南非在 140 个经济体中名列第 61 位。2019 年，南非旅游业从业人数达 140 万人，行业总产值约占全年 GDP 的 9%。

（2）基础设施环境

南非有全非洲最健全的基础设施体系，其一体化交通运输体系不仅成为本国经济发展的重要基础，而且也成为南部交通运输的枢纽和经济生命线。

公路方面，南非拥有全非最长的公路网络，四通八达，不仅覆盖了全国 9 个省份，还与邻国相通。国家、省、地方三级公路总里程约为 75.5 万千米。年客运输送量约 450 万人次，货运量 310 万辆。城市交通方面，大城市正在逐步实现铁路、出租车、公交车的一体化交通。约翰内斯堡运营成熟的快速公交项目也正在向开普敦、曼德拉湾等主要城市推广。

铁路交通方面，南非铁路网不仅与公路网相互连接，在国内形成了完整的陆路交通网络体系，还向外与莫桑比克、津巴布韦、博茨瓦纳、赞比亚、马拉维等邻国铁路相接。铁路总里程3.41万千米，占非洲铁路总里程的35%，位列全球第11位。南非拥有电汽机车2000多辆，年货运量约1.75亿吨。往来于茨瓦内和开普敦的豪华蓝色客车蜚声国内外，经常引来国际游客乘坐体验。除了业已建成运营的豪登高铁外，南非还在计划建设连接约翰内斯堡和德班的高速铁路。

空运方面，南非拥有民用机场27个，主要城市约翰内斯堡、开普敦、德班、布隆方丹和伊丽莎白港均有大型机场。南非每周有70多架次的国际航班和600多架次的国内航班，与非洲、欧洲、亚洲乃至南美均有直航航班。截至2019年年中，南非共有注册飞机15988架。南非航空公司拥有30余架波音飞机和15架空客飞机，是非洲大陆最大的航空公司。

水运方面，南非拥有非洲最大、设施最齐全、效率最高的海运网络。南非96%的产品出口依靠海运。国内共有大型商船近1000艘，总吨位超过75万吨。南非年港口吞吐量约12亿吨，主要港口分别位于德班、理查德湾、伊丽莎白港、开普敦和东伦敦等地，其中理查德湾港是世界最大的煤炭出口港，而德班港口则是全非最繁忙、吞吐量最大的港口，年处理集装箱120万个，年货物吞吐量达4500万吨。

电力方面，南非供应了全非电力的40%，是非洲电力大国。国内发电主要以煤炭火电为主，13座火电厂发电量占总量的九成。除此之外，南非还拥有1座核电站、2座燃油电站、2座抽水蓄能电站和6座水电站。根据南非统计局的数据，2017年南非全年发电量达2551亿千瓦时，出口量152亿千瓦时。南非国家电力公司（ESKOM）是南非主要的电力生产商，提供了全国超过95%的发电量。其拥有世界上最大的干冷凝电站，综合发电能力位列世界前十，年电力销售额居世界第11位。位于开普敦的科堡压水堆核电站是非洲唯一的核电站，装机容量约为1800兆瓦，为南非提供了约6%的发电量。南非政府还计划建造一座装机容量为2500兆瓦的新核电站，并将光伏发电和风力发电作为未来的重要发展方向。

南非政府还先后于2012年和2014年分别出台了《国家基础设施规划》和《基础设施建设法》，明确罗列了诸多大型基础设施项目，为未来基础设施建设夯实了法律基础。《国家基础设施规划》涵盖了区域性战略一体化项目、能源战略一体化项目、空间战略一体化项目、社会基础设施战略一体化项目、地区战略一体化项目等多个领域擘画了未来一段时期内南非整体基础设施建设的宏伟蓝图。

（3）金融环境

兰特是南非的法定货币，发行的纸币面值有 200 兰特、100 兰特、50 兰特、20 兰特和 10 兰特，流通的硬币有 1 分、2 分、5 分、10 分、20 分、50 分（1 兰特兑 100 分）和 1 兰特、2 兰特、5 兰特。历史上南非曾经实行过管理浮动汇率制和双重汇率制。1995 年实行单一汇率制后，兰特汇率受到国内利率政策影响，国际大宗商品价格大幅涨跌，世界主要经济体经济形势和美元、欧元等主要货币走势等国内外多重因素影响，在国际汇市中波动较大。自 1974 年实行浮动汇率后，兰特经历了一个较长的贬值过程，从 1 美元兑 0.7 兰特降到了 2001 年年底的 1 美元兑 12 兰特。2008 年国际金融危机以来，兰特进入了新一轮贬值周期，2016 年兰特汇率曾创造了 1 美元兑 17.2 兰特的历史新低。2020 年新冠疫情期间，兰特汇率再次刷新历史新低纪录，最低值达 1 美元兑 19.34 兰特。2021 年 9 月，美元兑兰特汇率稳定在 14.5 兰特左右。

南非储备银行（South African Reserve Bank）成立于 1921 年，是南非的中央银行，在南非金融体系中处于核心地位，总部位于行政首都茨瓦内，至今仍为私营性质，目前拥有600多名股东。负责制定并执行货币政策，调节货币供应量，监管南非境内的金融机构，维护金融市场的稳定。宪法赋予了南非储备银行较高的独立性和自主权。南非储备银行作为发行的银行、银行的银行和政府的银行，在货币发行、制定并实施货币政策、监管金融市场、管理国家外汇储备、确保金融体系平稳运行、保障国家支付体系稳定运行等方面发挥着关键作用。[①] 其下辖银行监管部、货币管理部、金融市场部、风险管理和合规部等19个部门，在开普敦、布隆方丹等主要城市设有7个分支机构，还拥有南非造币厂和南非纸币公司两个附属公司，现任行长为莱西塔·丹雅格。

　　南非曾实行较为严格的外汇管制。根据1961年的《外汇管制规则》，任何南非公司和个人未经批准不得拥有境外资产或从外国借贷。非居民可以自由进入南非投资，但资本移出受到严格的限制。南非储备银行下属的外汇管理部专门负责南非的外汇管制工作。近年来，南非外汇管制渐有放松，个人向境外最高投资限额为75万兰特，公司向境外最高投资限额为对非洲国家20亿兰特，对其他国家10亿兰特。目前对经常项目下的交易限制都已取消。截至2020年4月，南非

[①] 刘明志主编：《南非金融制度》，中国金融出版社2018年版，第140页。

政府外汇储备共计460.9亿美元。

南非的银行保险业十分发达。截至2017年5月，在南非注册的内资控股银行有10家，外国银行分支机构和代表处46家，外资控股银行6家，银行业总资产达29670亿兰特，其中外资总共占据47.5%的份额。主要的银行有标准银行、第一国民银行、莱利银行。此外还有数万家小型贷款机构。中国银行和中国建设银行在南非设有分行，中国进出口银行、国家开发银行、中非发展基金、中国出口信用保险公司在南非亦有办事机构。南非的保险品种分为长期保险和短期保险，业务范围涵盖工程、交通事故、医疗、财产、寿险、健康等各领域。目前南非有近200家注册的保险公司。

约翰内斯堡证券交易所是南非境内唯一一家综合型金融产品交易所，交易产品涵盖了股票、债券以及涉及货币、利率和大宗商品在内的金融衍生品，是全非最大的证券交易所，同时也是世界前20大证券交易所。它成立于1887年，2001年更名为南非JSE证券交易所，2001年收购了南非期货交易所。主板上市公司约400家，截至2020年4月，上市总市值约7637亿美元，巅峰时期曾突破1万亿美元。约翰内斯堡证券交易所不仅是南非重要的融资平台，同时也与许多非洲其他证券交易所保持技术合作和标准协同。2016年

3月，南非政府向"ZAR X 证券交易所"颁发了一百余年来第一张证券交易所执照，当年9月"ZAR X 证券交易所"正式营业，成为南非第二家证券交易所。

2. 对外经济关系

（1）对外贸易

南非是非洲贸易大国，对外贸易额居非洲首位，常年占非洲贸易总额的20%以上。1994年新南非建立以来，南非出口产品结构日趋多样化，进出口贸易额稳步增长。据南非官方统计，2019年南非对外贸易总额约1784.7亿美元（年均汇率1美元=14.4兰特），其中总出口额901.3亿美元，总进口额884.4亿美元，贸易顺差16.9亿美元。南非主要出口产品包括煤炭、贵金属、铁矿石、钢铁、运输设备和宝石。由于油气资源匮乏，原油和燃油产品长期以来是南非第一大进口商品，2019年进口额占到了进口总额的16.8%，其他主要进口产品包括机电产品、车辆和机械产品。服务贸易方面，根据经济合作与发展组织（OECD）的统计数据，2019年南非服务贸易出口额为147.23亿美元，进口额达156.76亿美元，服务贸易逆差达9.53亿美元。

南非的贸易伙伴遍布全球，最大的贸易往来地区是亚洲，2019年与亚洲地区的贸易总额占总数的

38%，欧洲地区以29%位列第二，其余分别是非洲地区（19%）、美洲地区（13%）和大洋洲地区（1%）。中国自2009年来以来一直是南非第一大贸易伙伴、第一大出口市场和第一大进口来源地。2019年出口到中国的贸易总额占出口总额的10.7%，其余的出口市场分别是德国（8.3%）、美国（5.2%）、英国（5.2%）和日本（4.8%）。2019年从中国进口的贸易总额占南非总进口额的18.5%，其余的进口来源地分别是德国（9.9%）、美国（6.5%）、印度（4.9%）和沙特阿拉伯（4.1%）。

（2）辐射市场

南非政府积极致力于拓展其产品在国际市场的份额，在区域经济一体化、双边经济合作、多边贸易谈判和绝大多数国际经济合作组织中表现活跃。作为非洲的桥头堡，南非一般也是域外国家与非洲国家签订自由贸易协定的首选目标。

南非签署过多个区域经济合作协议，是许多区域经济合作组织的成员国。作为1993年关贸总协定乌拉圭回合谈判最后文件签字国，南非是世界贸易组织的创始成员国。南非是南部非洲关税同盟（SACU）的成员国，与博茨瓦纳、纳米比亚、斯威士兰和莱索托等同盟成员国互相免除关税。南非还是南部非洲发展共同体（SADC，以下简称南共体）的重要成员国，2008

年，南共体签署自贸协定，15个南共体成员国当中包括南非在内12个签署国家互相免除85%的进口产品关税。2017年7月，南非正式签署《三方自由贸易区协议》，成为该协议第19个成员国，这有利于降低三方交易货物的关税，为南非产品出口创造新的条件。2018年3月，在卢旺达首都基加利举办的非洲联盟（非盟）第10届非盟特别首脑会议上，44个非洲国家元首签署了非洲大陆自贸区协议，南非是首批签署该自贸协议的非洲主要经济体之一。南非对非洲市场的辐射能力本就在全非首屈一指，非洲大陆自贸区这个旨在惠及12亿人口的全球最大自由贸易区将进一步增强南非产品对非洲市场的辐射能力。

南非还与多个国家或区域组织签署过贸易协议。2000年1月，南非与欧盟签署的《南非—欧盟自由贸易协定》（TDCA）正式生效，这意味着欧盟对南非95%的进口产品免除关税，而南非对欧盟86%的进口产品免除关税。2016年，南部非洲关税同盟与欧盟签署的《欧盟与南非国家经济合作伙伴关系协定》（EPA）正式生效，作为南部非洲关税同盟的成员国，南非可借此协定享受对欧盟98.1%的税目和99.3%的贸易额实行充分或部分自由化。南非还是美国《非洲增长与机会法案》的主要受益国之一，将近7000个海关八位税目商品可享受免税出口美国市场的待遇。南非本身拥有丰厚的自然禀赋，尤其是矿产资源位于世界前列，加上基础设施完备，土地和劳动力价格低廉，对外部市场的辐射能力较强，依靠着与欧盟、美国的贸易协定，南非产品的辐射能力可达其他大洲市场。

（3）**外部投资与援助**

南非是外国投资者进入非洲投资的桥头堡，除了优越的地理位置之外，南非还拥有健全的金融和法律体系，矿产资源十分丰富，土地和劳动力价格低廉，基础设施较为完善，而且在非洲范围内具有顶尖的科研和创新能力，加之气候宜人，风景优美，还有不断壮大的中产阶层正在提供强大的消费需求。外国投资者对南非投资环境的评价普遍较为积极。根据世界经济论坛《2019年全球竞争力报告》，南非在141个经济体中位列第60位。在世界银行发布的《2020年营商环境报告》中，南非在全球190个经济体中居第84位。南非政府本身高度重视吸引外部投资，祖马政府时期，南非专门成立了"投资南非"工作组，负责优化营商环境，提供针对外部投资的全国性一站式服务。2018年拉马福萨上台后，提出了"千亿美元引资计划"，旨在于2023年之前吸引1000亿美元外部投资拉动本国经济发展，拉马福萨政府还分别于2018年、2019年11月举办了两届投资峰会，总承诺投资额达500亿美元。除此之外，南非贸工部还不定期发布

《南非投资指南》，对外界介绍南非政治、经济、贸易、投资和法律的基本情况，展示南非的营商环境和重点引资领域。

根据联合国贸发组织发布的《2019年全球投资报告》，2018年南非吸引外资53亿美元，同比涨幅近100%，占当年非洲吸引外国直接投资流量总额的11.5%。而在2019年，南非吸收外资流量为46.24亿美元。截至2019年年底，南非吸收外资存量为1509.51亿美元。金融服务业、采矿业、化工、食品饮料、烟草、汽车、博彩等行业是南非吸引外国直接投资较多的行业。而南非的外资来源地则主要是欧美国家，根据南非储备银行的统计，2017年，英国是南非最大的外部投资来源地，其次分别是荷兰、比利时、美国和德国。在南非外资流量中，欧洲国家投资额占67.5%，美澳等国占10.3%，而中国则占4.7%。近几年来外部投资规模比较大的项目包括：爱尔兰可再生能源公司投资1.86亿美元兴建的风力发电项目，总计划装机容量110兆瓦；中资企业北京汽车工业股份有限公司在东开普省库哈港（Goega）工业开发区投资7.5亿美元兴建的汽车工厂；宝马和尼桑的生产基地扩建项目。

外国援助方面，根据世界银行的统计数据，2018年南非收到的净官方发展援助额为9.15亿美元。新冠疫情期间，南非接收了多国的抗疫援助。美国政府承诺向南非提供包括呼吸机在内的总额超过4160万美元的抗疫援助，美国国际开发署和疾控中心还向南非提供了技术支持和培训。德国向南非提供了数百万美元的病毒检测试剂和医疗物资。俄罗斯向南非提供了呼吸机等医疗援助。土耳其派军用运输机向南非提供了包括10万只口罩在内的医疗物资。阿联酋则派包机向南非提供了7吨医疗物资。古巴先后派出了数百名医生和专家赴南非医疗机构支援抗疫。国际机构方面，国际货币基金组织承诺向南非增加42亿美元贷款额度，世界银行承诺可为南非提供不超过6000万美元贷款，金砖国家新开发银行则承诺向南非提供10亿美元贷款支持。

3. 2010年以来宏观经济发展

（1）宏观经济发展概况

南非属于中等收入的发展中国家，同时也是非洲经济最为发达的国家之一。2009年南非出现了21世纪以来第一次经济衰退。2010年之后随着政府调整经济政策逐步开始复苏，但由于缺乏新的经济增长点，经济增长水平较为缓慢，经济增长率常年低于5%，近年来更是维持在低水平。

表1-3　　2015—2020年南非国内生产总值（GDP）及增长率

年份	市场价格GDP（亿兰特）	实际GDP增长率（％）
2015	44208	1.3
2016	44502	0.7
2017	45017	1.2
2018	45687	1.5
2019	45738	0.1
2020	42795	-6.4

数据来源：Statistics South Africa，"Statistics Releases the Gross Domestic Product (GDP) 2nd Quarter"，Autumn 2021，https://www.gov.za/speeches/statistics-releases-gross-domestic-product-gdp-2nd-quarter-07-sept-2-sep-2021-0000.

从表1-3中可以看出，2015年以来南非GDP增长长期不高于1.5%，2020年受新冠疫情冲击，全年经济萎缩达6.4%。但根据最新统计，2021年前两个季度，南非GDP分别实现1.0%和1.2%的环比增长，这表明南非经济正在顽强地走出疫情阴霾，逐步复苏。

南非政府自1999年起就开始尝试以通货膨胀目标作为本国货币政策的基本框架。而南非政府对通胀的管理预期是3%—6%。生产者价格指数波动亦不明显。从表1-4中可以看出，自2010年以来，南非的通胀水平较为平稳，维持在7%以下，基本符合南非货币政策的管理预期，生产价格指数亦较为平稳。但从最新的月份数据来看，2021年5月开始，南非生产者价格指数连续出现7%以上的同比增长，消费者价格指数也出现了迅速攀升，2021年5月飙升至5.2%，是近30个月以来的最高位，物价水平出现了较为明显的上涨，这意味着短期内南非将面临一定的通胀压力。

表1-4　2010—2020年南非消费价格指数（CPI）、生产者价格指数（PPI）及增长率

年份	年平均消费者价格指数（CPI）（2016 DEC=100）	年平均通货膨胀率（%）	年平均生产者价格指数（PPI）（2020DEC=100）	年平均生产者价格指数增长率（%）
2013	82.9	5.7	69.6	6.0
2014	88.0	6.1	74.8	7.5
2015	92.0	4.6	77.4	3.6
2016	97.8	6.4	82.9	7.0
2017	103.0	5.3	87.0	4.8
2018	107.8	4.7	91.7	5.5
2019	112.2	4.1	96.0	4.6
2020	115.9	3.3	98.3	2.6

数据来源：Statistics South Africa, "Falling inside the norm: Municipal remuneration and contractor spending", 2023, https://www.statssa.gov.za/? page_id-1854&ppn=p0142.

失业率和政府债务问题是南非社会经济发展的痼疾。自2010年以来，这两个问题并没有得到解决，反而有愈演愈烈的趋势。根据南非统计局2021年6月公布的数据，全国范围内失业率高达32.6%，其中青年失业率超过50%，高企不下的失业率，尤其是青年失业率不仅是南非宏观经济数据的一道疤痕，更是南非

社会治安的巨大隐患。而政府债务方面，2010年以来南非就面临着十分明显的财政压力，其财政支出远高于税收收入，2008—2018年，政府债务占GDP的比重平均水平为40.31%，2019年该比重攀升至65.6%。截至2021年5月，南非政府债务总额约4万亿兰特，并且还在不断攀升。[①] 南非财政部官员曾公开表示，未来数年内南非政务债务将会增加到5.2万亿兰特，顶峰期可能会达到GDP的95.3%。居高不下的政府债务可能会诱发债务危机。

（2）2010年以来南非的经济发展战略

南非作为转型中国家在快速完成政治转型的同时，经济与社会发展转型进展缓慢。推动经济与社会发展转型是执政的非国大的重要发展路线，也是其执政基础。2012年祖马总统在全国政策会议上对南非表示，南非在1994年结束种族隔离制度后18年里，主要进行的是以政治转型为主旋律的"第一次转型"，即向民主过渡，但在南非这个中等收入国家，广泛存在的贫困、高失业率和贫富差距等一系列问题威胁着以后的发展，因此需要"第二次转型"，即社会经济转型。但是基于南非的社会经济二元特征显著以及执政党自

---

① Statistics South Africa, "Falling inside the norm: Municipal remuneration and contractor spending", 2023, https://www.statssa.gov.za/?page_id-1854&ppn=p0142.

身角色转换带来的问题,南非政治一直以来致力于通过经济社会转型来消除这种畸形结构,以此来解决社会公平公正,促进经济社会的发展。2020年10月,南非祖马政府出台的"新增长路线"(NGP)发展战略,旨在将当前南非缺乏增长活力的消费性经济模式推动为可以吸纳更多劳动力就业的生产型经济模式,计划在未来十年内优先在农业、采矿业、基础设施建设、制造业、绿色经济、旅游及服务业6个重点领域重点发力,创造500万个就业岗位,将失业率从24%降至15%。2012年8月,祖马政府进一步颁布了《2030年国际发展规划》(National Development Plan,NDP),旨在全面消除贫困、扩大就业、提升教育质量、提高技术开发和科技创新水平、增强国家综合能力,促进社会整体团结。NDP提出要加大对公路、铁路、港口、电力等基础设施领域投资,同时强调要优化营商环境,降低营商成本,放松劳动领域管制,以此促进劳动密集型产业发展,NDP还进一步明确产权制度,指出要扩大资源性产品出口等。[①]祖马政府对NDP寄予厚望,计划在2030年将国民经济规模扩大2.7倍,年均经济增长5.4%,还要创造上千万个就业岗位,以使失业率

---

① National planning commission, *National Development Plan 2030 (NDP): Our future-make it work*, 2012, http://www.gov.za/issues/national-development-plan-2030.

降至6%以下,彻底消灭贫困人口,将基尼系数从0.7降到0.6。NDP还明确了南非各时期的阶段性任务和时间节点,力求循序渐进,有步骤地完成既定目标。

NDP是南非2012年以来至今的核心经济发展战略,得到了南非政府的高度重视。祖马政府在历次年度国情咨文中均强调要确保NDP各项措施和计划稳步推进,并在2017年国情咨文中进一步提出了包括工业化、农业与农产品加工、能源、采矿与选矿、中小型制造业企业、处理工作矛盾、发展海洋经济和旅游业、吸引投资和处理工作矛盾等领域的"九点计划"。拉马福萨政府上台后保持了对NDP的重视,明确表示NDP对增进南非经济发展的重要意义,但拉马福萨同时表示该规划的内容不应该是一成不变的,应该在实践中继续丰富完善。新政府在2018年上台之初就出台了一揽子经济刺激计划,旨在促进经济复苏和创造就业,并提出重点对采矿业、交通运输业和旅游业进行深层次改革,鼓励私人投资。2019年,拉马福萨在国情咨文演讲中围绕失业问题和促进经济增长提出了未来一段时期内的五大工作目标和七大战略重点,以推动NDP的实现。这些内容涵盖了消除贫困与饥饿、确保经济增长速度高于人口增长速度、提高教育质量、降低犯罪率、改善医疗条件、推动土地改革、促进经济转型、提高劳动技能、改善公共服务、建设廉洁政府和建设美好非洲等经济发展的各个领域。2020年10月，拉马福萨还进一步出台了1万亿兰特基础设施建设计划、扩大社会就业计划、能源产业规划等一系列经济改革方案以推动落实NDP。[①]但囿于南非政府缺乏执行上述计划的能力和资源，距离NDP预期达成时间已不足10年，NDP的既定目标能否实现还存在巨大的不确定性。

面对新冠疫情对南非经济的巨大冲击，拉马福萨政府还于2020年10月出台了经济重建和复苏计划，该计划旨在加速经济改革、打击犯罪和腐败、加强国家治理能力、推动再工业化和加大基础设施建设投资。南非政府将通过改善营商环境、支持女性参与经济活动、扶持中小型企业、严厉打击犯罪和腐败等措施确保计划落实。经济重建和复苏计划的目标是在未来十年内将南非经济年均增长率提高到3%，全力释放经济活力，以确保在后疫情时代推动南非经济强劲复苏。

（3）未来前景

国际评级机构对南非主权信用评级展望较为负面。2020年3月，穆迪将南非主权信用评级从"Baa3"下调至"Ba1"，前景展望保持为负面。同年4月，标普将南非主权信用评级从"BB"下调至"BB−"，前景展望为

[①] 中华人民共和国驻南非共和国大使馆经济商务处，http://www.mofcom.gov.cn/article/i/jyjl/k/202012/20201203020157.shtm.

稳定。自此，南非仅存的投资级评级宣告失守。2020年11月，南非主权信用评级再遭国际评级机构下调。惠誉将南非主权信用评级从"BB"下调为"BB-"，理由是南非政府债务不断攀升，对新冠疫情造成的经济冲击遏制不力，评级展望为负面。穆迪同时也将南非主权信用评级从"Ba1"下调为"Ba2"，前景展望保持为负面。这是自1994年新南非建立以来三大国际评级机构对南非作出的最低主权信用评级。[1] 南非财政部长姆博韦尼回应称这对南非是一个沉痛打击，不仅将直接影响南非融资成本，缩减南非财政空间，还将持续恶化南非应对新冠疫情冲击的能力。他同时呼吁，南非政府和社会各方要共同努力，加快实施结构性经济改革，避免南非主权评级再遭下调。

国际组织方面，国际货币基金组织在2021年7月发布的《世界经济展望》中将南非2021年的增长前景从3.1%上调至4%，国际货币基金组织在报告中指出南非经济在2020年度创纪录的收缩7%后能够在2021年实现环比增长4.6%，体现出了南非强劲的经济复苏活力。世界银行则在2021年6月发布的《全球经济展望报告》中将南非的经济增长前景从3.3%修正为3.5%。但世界银行同时指出，巨大的

---

[1] 中华人民共和国驻南非共和国大使馆经济商务处，http://www.mofcom.gov.cn/article/i/jyjl/k/202011/20201103017714.shtml.

财政赤字压力和公共投资增长乏力使得南非近期经济增长前景依然黯淡，潜在增长的结构性障碍依然存在。世界银行强调南非需要进行结构性经济改革以释放增长潜力，提高产品竞争力。

南非储备银行、南非财政部和国内经济学家的经济增长预期则在3%—5%。毋庸讳言，新冠疫情给南非经济带来了巨大冲击，国际大宗商品的巨幅波动给以出口制造业、采矿业为主的南非经济带来了巨大挑战，同时使南非的债务问题雪上加霜，还打乱了南非政府的长期经济发展战略。但与此同时，南非社会各界在执行经济重建和复苏计划的同时，也意识到了结构性经济改革的迫切性和必要性。在新冠疫情的阴霾之下，世界经济复苏的脚步尚不明朗，但非洲三大经济体——南非、尼日利亚、安哥拉的复苏劲头较为强劲，南非未来的经济发展前景虽然充满挑战与风险，但仍然存在曙光和希望。

二　南非行业发展情况分析

（一）南非重点行业发展现状

南非拥有丰富的矿产资源和有利的农业条件，传统的经济发展植根于初级部门，但近几十年来，南非的产业结构发生了显著的变化。自20世纪90年代以来，南非的经济增长主要由第三产业推动，其中包括批发和零售贸易、旅游和通信。当前，南非正努力朝着知识经济的方向发展，更加注重科学技术、电子商务、金融和其他服务行业。制造业、批发和零售贸易、金融服务、运输、矿业、农业和旅游业目前是驱动南非国家经济引擎运转的关键部门。表2-1至表2-4反映了南非2015—2020年各行业的增加及其变化情况。

表2-1　　南非各行业增加值和国民生产总值　　　　单位：百万兰特

年份	农林牧渔	矿业	制造业	水电煤气	建筑业	贸易、酒店、餐饮业	交通、仓储及通信业	金融、房地产和商业服务	一般政府服务	个人服务	按基本价格计算的增加值	减税补贴	按市价计算的国内生产总值
2015	98760	227875	553392	114058	153831	555536	360326	921868	344540	651572	3981758	439035	4420793
2016	93672	220141	555880	109947	155996	564281	365766	938154	351165	659643	4014646	435525	4450171
2017	111545	225420	554833	110275	147076	556707	369580	961364	356086	668356	4061243	440458	4501702
2018	111993	223666	565926	111356	145423	564101	380269	987772	361985	668739	4121231	447438	4568670
2019	104992	221217	559347	107276	141123	560610	376419	1008373	367610	677488	4124458	449377	4573835
2020	119091	194968	490399	100916	113123	493325	318369	1016585	369303	663279	3879360	400287	4279647

数据来源：Statistics South Africa, "Economic Growth", stats sa, https://www.statssa.gov.za/?page_id=735&id=1&paged=2.

表2-2　　南非各行业增加值增长率和国民生产总值增长率　　　　单位：百分比

年份	农林牧渔	矿业	制造业	水电煤气	建筑业	贸易、酒店、餐饮业	交通、仓储及通信业	金融、房地产和商业服务	一般政府服务	个人服务	按基本价格计算的增加值	减税补贴	按市价计算的国内生产总值
2015	-3.6	4.8	-0.2	-4.6	1.0	1.1	2.4	1.7	2.5	0.9	1.1	2.9	1.3
2016	-5.2	-3.4	0.4	-3.6	1.4	1.6	1.5	1.8	1.9	1.2	0.8	-0.8	0.7
2017	19.1	2.4	-0.2	0.3	-5.7	-1.3	1.0	2.5	1.4	1.3	1.2	1.1	1.2
2018	0.4	-0.8	2.0	1.0	-1.1	1.3	2.9	2.7	1.7	0.1	1.5	1.6	1.5
2019	-6.3	-1.1	-1.2	-3.7	-3.0	-0.6	-1.0	2.1	1.6	1.3	0.1	0.4	0.1
2020	13.4	-11.9	-12.3	-5.9	-19.8	-12.0	-15.4	0.8	0.5	-2.1	-5.9	-10.9	-6.4

数据来源：Statistics South Africa, "Economic Growth", stats sa, https://www.statssa.gov.za/?page_id=735&id=1&paged=2.

表2-3　　　　　南非各产业增加值对国民生产总值贡献率　　　　　单位：百分比

年份	农林牧渔	矿业	制造业	水电煤气	建筑业	贸易、酒店、餐饮业	交通、仓储及通信业	金融、房地产和商业服务	一般政府服务	个人服务	按基本价格计算的增加值	减税补贴	按市价计算的国内生产总值
2015	-0.1	0.2	0	-0.1	0	0.1	0.2	0.3	0.2	0.1	1.0	0.3	1.3
2016	-0.1	-0.2	0.1	-0.1	0	0.2	0.1	0.4	0.1	0.2	0.7	-0.1	0.7
2017	0.4	0.1	0	0	-0.2	-0.2	0.1	0.5	0.1	0.2	1.0	0.1	1.2
2018	0	0	0.2	0	0	0.2	0.2	0.6	0.1	0	1.3	0.2	1.5
2019	-0.2	-0.1	-0.1	-0.1	-0.1	-0.1	-0.1	0.5	0.1	0.2	0.1	0	0.1
2020	0.3	-0.6	-1.5	-0.1	-0.6	-1.5	-1.3	0.2	0	-0.3	-5.4	-1.1	-6.4

数据来源：Statistics South Africa,"Economic Growth", stats sa, https://www.statssa.gov.za/?page_id=735&id=1&paged=2.

表2-4　　　　　南非各产业增加值占国民生产总值份额　　　　　单位：百分比

年份	农林牧渔	矿业	制造业	水电煤气	建筑业	贸易、酒店、餐饮业	交通、仓储及通信业	金融、房地产和商业服务	一般政府服务	个人服务	按基本价格计算的增加值	减税补贴	按市价计算的国内生产总值
2015	2.23	5.15	12.52	2.58	3.48	12.57	8.15	20.85	7.79	14.74	90.07	9.93	1.3
2016	2.10	4.95	12.49	2.47	3.51	12.68	8.22	21.08	7.89	14.82	90.21	9.79	0.7
2017	2.48	5.01	12.32	2.45	3.27	12.37	8.21	21.36	7.91	14.85	90.22	9.78	1.2
2018	2.45	4.90	12.39	2.44	3.18	12.35	8.32	21.62	7.92	14.64	90.21	9.79	1.5
2019	2.30	4.84	12.23	2.35	3.09	12.26	8.23	22.05	8.04	14.81	90.18	9.82	0.1
2020	2.78	4.56	11.46	2.36	2.64	11.53	7.44	23.75	8.63	15.50	90.65	9.35	-6.4

数据来源：Statistics South Africa,"Economic Growth", stats sa, https://www.statssa.gov.za/?page_id=735&id=1&paged=2.

南非最具特色的行业是矿业、制造业（尤其是汽车制造产业）、农林牧副渔、服装纺织业、旅游业等，还有近年来蓬勃发展的电信和信息技术产业等高新技术产业，以下就对这几个行业的发展现状简要介绍。

1. 南非矿业发展现状

南非的矿产资源非常丰富，矿产的勘探、开采、冶炼、加工等产业也很成熟。南非的矿产包括贵金属及矿物、能源矿物、有色金属及矿物、黑色金属和其他工业矿产，除了原油和铝土矿两种矿产资源在南非难以寻见，其他各种矿产南非均有储量。南非矿业部门占世界矿产储量和产量的比例都相当可观，据估计南非矿业部门价值约为20.3万亿兰特（约2.5万亿美元），按GDP计算规模排名世界第五。[①] 南非是煤炭、锰、铬、铂和钻石的主要生产国，是世界上最大的铂生产国，也是世界上第四大钻石生产国，仅次于博茨瓦纳、加拿大和俄罗斯每年的钻石产量，南非煤炭与金矿开采大约同时开始，同样是该国最有价值商品之一，到2022年占矿产开采收入的24%，南非探明煤炭储量99亿吨，其中该国最大的矿床位于埃卡，截至

[①] 中华人民共和国商务部：《对外投资合作国别（地区）指南——南非（2020年版）》，2020。

2021年，南非煤炭开采雇用了近93000人。① 南非拥有高水平的矿业采炼加工技术，拥有世界领先的黄金、铂、碳钢、不锈钢和铝初级加工设施。南非在一些新技术方面也处于世界领先地位，例如将低品位超细铁矿石转化为高品质铁矿石的突破性工艺。同时南非采矿相关设施设备以及选矿、采矿、矿井通信和安全保障技术已经位于世界前列，其中深井开采技术已经输出到欧美各国市场，矿业是南非重要的外汇收入来源，例如黄金出口额占南非出口总额的30%以上。② 截至2021年，采矿业发展为南非GDP贡献了约2195亿兰特（合128亿美元），此外，2022年南非矿业并购交易总价值达近92亿美元。③

2. 南非制造业现状

南非制造业虽然受新冠疫情影响出现了衰退，但是仍为该国经济的重要组成部分。2020年南非制造业增加值490亿兰特，占当年GDP的11.46%。④ 南非制造业种

---

① Saifaddin Galal, "Mining industry in South Africa-statistics & facts", Statista, Spring 2023, https://www.statista.com/topics/7194/mining-industry-in-south-africa/#topicOverview.
② 数据来自南非统计局官网。
③ Saifaddin Galal, "Mining industry in South Africa-statistics & facts", Statista, Spring 2023, https://www.statista.com/topics/7194/mining-industry-in-south-africa/#topicOverview.
④ 数据来自南非统计局官网。

类繁多，技术领先。涵盖了钢铁、金属制品、化学、交通工具、机械制造、食品处理、纺织和服装等关键领域。冶金和机械产业是其支柱，近年来，缺乏竞争力的纺织业和服装业出现了衰退，而汽车制造和农产品加工等新兴出口行业则取得了较快发展，总体而言，南非制造业在应对挑战的同时，也在寻求转型和发展新的竞争领域。

在南非的制造业部门中，汽车制造一直是南非引以为傲的特色产业。汽车制造业占南非制造业GDP的33%，每年生产约60万辆汽车，提供11.3万个就业岗位，汽车产量在2008—2018年实现了翻倍。[①] 南非是汽车及零部件制造和进出口的主要国家之一，世界巨头汽车生产企业如宝马、福特等跨国公司在南非均有生产基地。2008年，南非制定了"汽车生产规划"，自计划实施以来，南非汽车生产和出口总体呈上升趋势，该国汽车产业采取了出口导向性的发展策略，出口占比较高。2016—2020年，南非的乘用车及轻型商用车出口占比约为60%，高于全球大部分汽车制造国。尽管如此，受到新冠疫情影响，2020年南非汽车出口量有较大降幅。然而，与整车出口量严重下滑相

---

① Trad and Industry, "Industrial Policy Action Plan IPAP 2018/19-2020/21", 2020, https://www.gov.za/sites/default/files/gcis_document/201805/industrial-policy-action-plan.pdf.

表 2-5　　2016—2020 年南非乘用车及轻型商用车出口情况

单位：出口量/辆　出口额/十亿兰特

年份	2016	2017	2018	2019	2020
出口总额	1140	1109	1232	1434	1170
英国（出口量，下同）	110356	98358	119578	101401	67798
德国	12297	10423	25513	37152	25736
日本	33296	42492	44027	33435	23645
法国	19204	19055	23400	25629	13956
澳大利亚	21446	23336	21594	16284	13041
意大利	6238	5088	8870	14624	10546
比利时	8116	6902	6338	11379	10048
美国	47627	40414	11440	12437	8584
荷兰	601	397	1481	12146	8321
奥地利	2317	2105	2749	12675	6376
其他	82268	88535	85013	109103	82679
出口总量	343766	337105	350003	386265	270730
轻型商用车产量	751791	574075	581469	603082	423907
乘用车及轻型商用车出口占比	60.10%	58.70%	60.20%	64.10%	63.90%

数据来源：The Autotime Business Counicl, "Automotive Export Manual 2021", 2023, https://naamsa.net/export-manual-2021-book/.

反，南非 2020 年汽车零部件出口额提升 32.05%，达到 445 亿兰特，主要是由于自 2020 年年初以来欧盟地区实施了更为严格的排放法规，南非对欧洲的汽车催化转化器出口量大幅度提升。一直以来，南非在新能源汽车制造和出口方面尚有不足，本土制造和消费的新能源汽车不及总数的1%，这恐怕会拖累南非未来的汽车出口。例如，英国是南非汽车的主要出口国之一，近25%的南非汽车出口至英国，但英国已计划2030年起禁售汽柴油新车。因此，为使南非汽车工业不落后于全球汽车产业的发展，并保持其汽车出口优势，南非汽车产业需要加快向新能源转型。[1]

3. 南非农林牧渔业发展现状

南非可耕地约占土地面积的13%，但高质量土地仅占可耕地面积的22%。农业、林业、渔业就业人数约占总人口的6%，其产品出口收入占南非矿业出口收入的15%[2]。2015年下半年以来影响南非农业生产的旱情明显缓解，2020年农林牧渔业增加值达到1190亿兰特，占GDP的2.78%。[3] 南非农业生产受气候变化影响明显，盛产花卉、水果、红酒等，是全球第九大羊毛生产国，各类罐头食品、烟、酒、饮料等畅销海外。玉米是南非最主要的农作物，产值约占全部农作物的40%。[4]

---

[1] 中华人民共和国商务部：《对外投资合作国别（地区）指南——南非（2020年版）》，2020。
[2] 中华人民共和国商务部：《对外投资合作国别（地区）指南——南非（2020年版）》，2020。
[3] 数据来自南非统计局官网。
[4] 中华人民共和国商务部：《对外投资合作国别（地区）指南——南非（2020年版）》，2020。

4. 南非电信和信息技术业发展现状

南非的电信和信息技术行业快速发展，全球排名第 20 位，固定电话总量为 500 万部，移动电话用户约为 2900 万，互联网用户达 2858 万，普及率大约为 52%，南非主要的固定电话运营商为"TELKOM"，是非洲最大的电信企业，分别在约翰内斯堡和纽约上市。主要移动运营商包括"Vodacom""MTN""CellC""Virgin Mobile"和"8ta"。在信息技术领域，南非最大的两家公司"DIDATA"和"DATATEC"已经在英美市场取得了一定地位，开展广泛业务。此外，南非在卫星直播和网络技术方面具有较强竞争力，米拉德国际控股公司已垄断撒哈拉以南非洲绝大部分卫星直播服务。南非软件业也开始走向国际市场。[1]

5. 南非旅游业发展现状

南非拥有极为丰富的自然和人文旅游资源，是世界著名旅游度假胜地，是非洲接待国际游客最多的国家。旅游业是当前南非发展最快的行业，增速在全球列第三位，产值约占 GDP 的 9%，从业人员达 140 万。作为南非表现最好的经济部门之一，在过去的十年中，

---

[1] 中华人民共和国商务部：《对外投资合作国别（地区）指南——南非（2020 年版）》，2020。

旅游业的增长速度超过了南非的任何其他部门。分析机构认为，到 2028 年，南非的旅游产业的收入将达到 5986 亿兰特，占到国内生产总值的 10.1%。旅游设施完善，有 700 多家大酒店，2800 家中小旅馆及 10000 多家餐馆，拥有全球最高蹦极设施。世界经济论坛 2019 年旅游竞争力报告显示，南非在 140 个经济体中名列第 61 位。开普敦在旅游与休闲 2016 年全球最佳奖项中，被评为非洲最佳城市。外国游客抵达南非以公路和航空方式为主。据南非旅游部消息，2015 年南非收紧签证政策导致约 2.1 万人面临失业，来南非旅游人数减少 27 万人。但近期受南非兰特走弱和签证政策放宽影响，游客数量有所回升，2016 年全年赴南非旅游的中国游客数量为 11.7 万人次，同比增长近 4 成。2017 年到访南非的中国游客为 9.7 万人次，比 2016 年下降了 17%，造成下滑的主要原因是南非严苛的签证制度。据南非旅游局相关统计数据，2018 年，中国游客前往南非的数量超过 10 万人次，同比增长了约 6%—7%。2019 年，南非接待全球和中国游客数量分别为 1021 万人和 9 万人。同时，中国客源市场也为南非的经济发展做出了积极贡献，2018 年中国游客在南非的消费额同比增长了 69%。[1]

---

[1] 中华人民共和国商务部：《对外投资合作国别（地区）指南——南非（2020 年版）》，2020。

6. 新冠疫情对南非产业发展的影响

新冠疫情导致南非经济陷入全面停滞，特别对旅游、航空、娱乐等产业带来毁灭性冲击。旅游业方面，在南非五级疫情预警防控体系中，旅游业被归类为疫情传播风险最高的行业之一，因此在封禁期间受到严格限制，酒店业全面瘫痪，汽车租赁业务下滑80%—90%，行业失业率约9成。航空业方面，封禁措施导致50%航空公司濒临破产绝境，其中，南非航空公司进入破产重整程序，南非快运公司即将被清算，多数航空公司所持现金最多可以支撑到6月，机器制造、机场、飞行学校、航运保险和维修等多个下游行业也受到严重冲击，封禁期间，航空业每周损失约为10亿兰特，超过八成从业人员失业。矿产业方面，封禁期间，矿产业产能利用率仅为20%—30%，预计2020年将总计造成约1000亿兰特的经济损失，其中，营业收入将从2019年的7300亿兰特降至6500亿兰特，损失约800亿兰特，人员工资将从2019年的1360亿兰特降至1200亿兰特，损失约160亿兰特，矿业委员会预计，南非矿业产量下半年将进一步下降6%—10%。酿酒业方面，封禁期间禁酒令的实施使行业损失约12万个工作岗位，催生约130亿兰特相关非法交易，减少税收收入约10亿美元，出口损失达6.5亿兰特，禁酒令也使南非酒类品牌在与国际同行的竞争中处于不利局面。汽车制造业方面，封禁期间，全行业约20%的员工被解雇，2020年3月，南非所有品牌的本土新车销量较上年同期下降29.7%，出口下降21.5%，丰田南非公司预计，由于4月几乎没有销售，如果情况能尽快恢复正常，2020年全年汽车销量最多将下降16%。房地产方面，疫情和封禁措施致使南非房地产市场走低，专家预计南非2020年房价降幅约为3.9%—14.5%。[①]

（二）南非行业发展规划

1. 南非总体发展规划

南非政府将《2030年国家发展规划》作为经济发展核心纲领。时任总统祖马在非国大第53次大会和2013年、2014年、2015年国情咨文中均强调，政府当前的首要任务之一，就是要贯彻落实《2030年国家发展规划》规定的各项措施和计划，确保南非社会和经济按预定目标前进。南非2017年发布的国情咨文着重强调了推动经济与社会转型的重要性，集中解决贫困、失业和不平等这三大挑战。为实现这一目

---

① 中华人民共和国商务部：《对外投资合作国别（地区）指南——南非（2020年版）》，2020。

标，提出了包括工业化、矿业及选矿、农业与农产品加工、能源、中小制造业、解决劳动问题、吸引投资、发展海洋经济和旅游业的"九点计划"，以促进经济增长。该计划关注黑人经济发展、中小企业推动以及土地改革的坚定推进。拉马福萨总统重视《2030年国家发展规划》对于增进南非民众福祉的重要意义，表示该规划的内涵不是一成不变的，需要在实际工作中继续丰富完善。2019年，拉马福萨总统两次发表国情咨文，围绕提振经济增长和解决高失业率问题提出了未来5—10年七大战略重点和五大工作目标，七大战略重点为经济转型和创造就业；发展教育、提高劳动技能和改善医疗服务；改善公共服务以及稳定民众工资收入；土地整合、居民安置和地方政府建设；建设和谐安全社区；打造高效清廉的政府机构；建设美好的非洲和世界，五大工作目标为消除贫困和饥饿；促进经济增长高于人口增长速度；为年轻人解决200万个就业机会；提高学校教育质量；将暴力犯罪降低50%。

基础设施作为产业发展的重要支柱，其规模和质量关系着国家的产业政策能否顺利推进。近年来南非十分重视基础设施的规划和建设，主要着眼于基础设施的一体化建设。2012年，南非政府推出《国家基础设施规划》，详细列明了基础设施领域17个大型战略一体化项目，涉及多个领域。

其中区域性战略一体化项目包括：以瓦特贝格的城市开发为契机，投资铁路、供水管道、发电和电力传输基础设施，释放北部林波波省矿产带经济潜能；德班港—自由州省—豪登省物流和工业走廊，加强各主要工业中心之间物流和交通走廊建设，改善德班港进出口能力，提升走廊效率，整合自由州省工业战略、走廊沿线农业生产中心；东南部枢纽和走廊开发，建设乌姆济姆武布灌溉系统、"N2"高速公路、北开普省锰矿铁路线、伊丽莎白港锰烧结厂和冶炼厂、库哈经济开发区以及升级库哈港；释放西北省经济潜能，加快建设公路、铁路、用水和水处理传输基础设施，促进矿业、农业、旅游业发展；萨尔达尼亚—北开普省开发走廊，扩大铁路、港口能力和港口支撑性工业产能，加强海洋支撑能力，促进西海岸油气开发，提高北开普铁矿石开采能力。

能源战略一体化项目包括：发展绿色能源产业；加快新发电设施建设；扩建输配电网络，协调10年期输电计划、国家宽带计划和铁路物流开发。

空间战略一体化项目包括：建设一体化市区基础设施项目，帮助23个公共服务最缺乏的地区（1700万人口）解决用水、电力和公共卫生。

社会基础设施战略一体化项目包括：公共医疗和

其他公共设施建设，建设和翻新医院和其他公共医疗设施，改进122所护理大学；国家学校建设计划，解决学校基础服务不足的情况，改善学校硬件设施和学习环境；高等教育基础设施建设，重点改善教室、学生食宿、图书馆、实验室、网络连接，开发大学城。

知识战略一体化项目包括：平方公里阵列射电望远镜建设；发展通信技术，到2020年网络覆盖所有南非家庭，在125所大专院校和1525所地区学校实施学校网络计划。

地区战略一体化项目包括：非洲合作和发展地区一体化。南非将与非洲其他国家共同建设交通、水利、能源等基础设施项目，如莫桑比克输电项目和刚果（金）大英加水电项目。

2014年7月，南非《基础设施建设法（2014）》正式生效，为未来基础设施建设和部门协调夯实了法律基础。目前负责统筹全国基础设施建设的机构是2011年10月设立的总统基础设施协调委员会。2016年4月，南非财政部政府采购办公室公布了新的基础设施建设政府采购标准，该标准隶属于公共财政管理法案管辖范围。南非政府希望通过新采购标准使每年总价值约5000亿兰特的政府采购项目效益最大化。

2. 南非行业发展总体规划

《南非产业政策行动计划》是南非政府制定的重要行业发展规划。与中国的五年规划类似，《南非产业政策行动计划》也会定期制定和发布新的版本，不同的是后者是2—3年更新一次。从2007年开始，南非政府陆续发布了该计划的七个版本，目前正在实施的是2018/19—2020/21年度《南非产业政策行动计划》。

回顾《南非产业政策行动计划》十多年来的实施历程，可以看到它在南非行业发展中起到的重要作用，尤其是对汽车、服装、纺织品、皮革和鞋类、商业服务、电影制作和造船等行业的促进作用。《南非产业政策行动计划》是一个跨领域的、针对特定部门的发展进行政府干预的行业发展规划，这些政府干预包括：产业融资，有条件激励，当地采购和抵消方案，国家工业参与方案，以及各种各样的需求侧和供应侧的产业政策杠杆，还包括贸易政策，支持工业发展的技术基础设施建设，与海关合作努力遏制非法进口，技术支持措施，竞争政策（遏制反竞争行为并降低准入门槛）。这些政府对产业部门的干预措施确保了更高水平的投资，提高了经济生产部门的竞争力。

《南非产业政策行动计划》的制定遵循"干中学"的思路，在连续迭代中不断发展产业政策的工具包。

《南非产业政策行动计划》的实施一直面临着许多困难。该计划问世恰逢国际金融危机，这场危机的影响从2009年开始波及南非经济，大宗商品的周期性低谷和随后的大宗商品需求下降，使南非损失了100万个工作岗位，其中制造业损失了近32万个。在此期间，只有那些对繁荣—萧条经济周期不那么敏感的细分行业创造了就业机会。但值得注意的是，政府坚决的反周期工业化努力在此期间遏制了失业的规模，防止了潜在的灾难性的全面去工业化。面对非常严峻的全球和国内困境，南非制造业在政府干预下度过了最糟糕的时期，以及其持续的低增长余波。2008年后，南非制造业增加值实际从2009年的3380亿兰特增长到2016年的3830亿兰特。食品饮料、汽车、化工和塑料等行业引领了这一增长，平均每年增长2%。截至2018年，在《南非产业政策行动计划》实施的十年期间，南非制成品出口增长了4倍，进口增加了1倍。

3. 南非重点产业规划

南非围绕《南非产业政策行动计划》框架对各行业的发展做出了规划，以下选取几个比较重要的行业发展规划进行简要介绍。

（1）汽车产业规划

1995年，南非政府出台了《南非工业发展计划》

（MIDP），这一政策对于推动南非汽车产业与国际市场的融合发挥了关键作用。2013年，南非政府出台了《汽车生产与发展计划》，取代了之前的《南非工业发展计划》。新政策主要涉及进口关税、在地组装补贴、生产激励和投资补贴等为南非汽车产业的发展奠定了基础，这一政策的目标在于保持南非汽车行业在全球竞争中的地位。与此同时，南非贸易和工业部与汽车公司、零部件供应商和劳工部门合作制定了《2020年汽车总体规划》，以确保南非的汽车行业可持续发展以及在整个部门在全球产业价值链上占据更有利的位置。近年来，南非政府意识到在清洁能源的趋势下，为了应对汽车行业的变革，需制定新的战略规划，推动内燃机向电动汽车过渡的技术方案，保持南非在汽车及零部件生产和出口方面的优势，并提高其在全球汽车市场的竞争力。2019年8月，南非贸工部呼吁各大车企协助政府制定电动汽车生产的技术路线图。2021年5月，南非《新能源汽车发展草案2021》向公众公布，计划于10月提交给内阁以提供相关建议。该草案的目标是制定政策框架，并在此基础上制定关于南非新能源汽车长期全面的产业转型计划。此外，2018年南非政府批准的《南非汽车总体规划2035》也在2021年开始实施。南非的汽车产业规划将通过若干个项目获得系统性支持，包括汽车供应链竞争力改善项目、供应商升级项目、南非黑人供应商开发计划（旨在促进汽车行业现有价值链中黑人拥有的供应商数量增加）和能够支持多个客户需求的合作本地化项目。

（2）服装、纺织、皮革及鞋类行业规划

南非贸工部发布的 2018/19—2020/21 年度《南非产业政策行动计划》为服装、纺织行业定下的目标是：拓展行业的国际竞争情报发展；评估全球色彩、时尚和设计趋势；拓展收藏和出口产品系列；与国际机构的合作；发展指定的面向出口的能力；围绕鞋履、配饰及皮革成衣等类型的产品，分界别内发展本地时装业；在南部非洲共同体内加强出口营销。此外，2030年南非《零售、服装、纺织品、皮革和鞋类总体规划》中提到要通过进口替代减少纺织品、服装、皮革和鞋类贸易逆差。通过精简的快速反应制造基地创造新的就业机会和做好出口准备。

（3）金属铸造、资本设备以及铁路行业规划

南非试图在下一阶段更好地利用国家基础设施项目带来的本地化机会；减少进口漏损；增加对关键制造工艺和活动的投资，以供应国内市场；更好地抓住售后市场机会；支持恢复丧失的制造能力；增加就业和出口。通过适当的技能培训、技术转移和先进技术的传播，发展具有全球竞争力的铸造行业。改善获得黄金贷款计划的机会，提高珠宝制造业的整体成本竞争力，确保包括珠宝制造所需的关键原材料供应。

（4）高新技术产业规划

2020年9月南非政府以政府公报形式发布了国家综合信息和通信技术政策白皮书《南非国家数字及未来技术战略》。该文件主要介绍南非信息技术人才培养机制发展方向，对南非跟上科技革命潮流、创造就业、促进产业数字化发展、增强网络安全实力具有重要意义。文件提出八个战略发展方向，即加强数字技术基础教育和设施建设、培养数字技术高层次人才、实现数字技术与产业相融，打造"产业4.0"模式、实现数字技术与社会相融，打造"社会4.0"模式、加强数字技术学术研究、加强社会宣传、实现政府与各行业及劳工等多方协调、筹集数字技术发展资金等。关于如何实现上述战略发展目标，文件亦提出具体方案和机制供落实，为南非未来数字技术发展绘制了美好蓝图。

（5）绿色产业规划

为了扭转南非主要依赖化石燃料发电的能源结构，南非政府承诺在未来几十年完成碳排放的达峰、稳定和减排措施。与此同时，南非政府意识到可再生能源发电可能成为工业发展和消费者市场转变的重要催化剂。可再生能源发电项目的大规模开展有助于实现一系列目标，包括零部件本地化、创造就业机会和提高国家竞争力。在发展可再生能源部门的最初行动中，南非政府在2012年引入了可再生能源独立电力生产商采购计划。该项目旨在通过竞标开发南非的再生能源产业。目前标段1和标段2的所有项目都已经完成，标段3的10个项目也已投入运营。在7轮招标中，已从112家可再生能源生产商采购了6422兆瓦的电力，57个独立发电项目的3162兆瓦发电能力已接入国家电网。根据可再生能源独立电力生产商采购计划采购的可再生能源产生了16991千兆瓦时的能源。在57个已达到商业运营日期的项目中，44个项目已经运营超过一年。承诺投资总额2018亿兰特，其中可再生能源独立电力生产商采购计划吸引外资488亿兰特。这为南非公民创造了32532个就业岗位，并减少了1725万吨二氧化碳的碳排放。此外，南非政府还于2002年设立了国家清洁生产中心（NCPC），旨在推动国家向低碳经济转型。自2013年以来，该中心对806家公司进行了评估，潜在节约124亿兰特。

除了上述涉及各行业的发展规划，南非贸工部和工业发展公司（Industrial Development Corporation，IDC）计划对一些行业发展提供有竞争力的贷款利率支持。

针对金属、交通运输和机械产品行业的投资，用以支持和发展下游金属产品制造，包括汽车和其他交通工具、金属构件和机械产品。适用范围：钢铁和有色金属构件，工厂、机械设备，汽车配件，船、飞机、火车等交通工具。

针对高技术产业的投资，用以发展技术密集型产业，如信息、电信、电子产业。适用范围：促进信息、电信、电子企业创业；与本国或国外技术伙伴合作，拥有成熟技术的新技术企业。

针对农业和水产养殖业基础设施的投资，用以鼓励新建或扩建食品和饮料加工业。适用范围：园艺初级农业、食品加工、农产品加工、饮料加工、渔业和水产养殖业。

针对化工、纺织和相关行业的投资，用以促进行业发展，以获得可持续的全球竞争力。适用范围：基本化学品，陶瓷、混凝土和石材产品，化妆品和洗涤剂，精细和专用化学品、玻璃、回收利用、橡胶制品、塑料制品。

针对媒体和电影业促进行业发展的投资。适用范围：电影、广播、印刷、后期制作、出版、广告和音乐。

针对纺织和服装业的投资，用于在南非和非洲其他国家打造有竞争力的产业和企业，以支持和促进创业、行业发展和建立战略伙伴关系。适用范围：天然和合成纤维生产，纺纱、针织、织造、印染，无纺布，工业用纺织产品，家纺产品，成衣制造，鞋，皮革制作和加工。

针对采矿和选矿业的投资，用以协助中小采矿和选矿企业及首饰加工。适用范围：财政和技术支持南非和非洲的矿业、选矿项目，财政支持新发现的矿山开采及相关活动，协助因历史原因失去矿权的人获得矿权，发展南非珠宝加工和增加选矿附加值。

针对南部非洲的林业产业综合实力的投资，以使其具有国际竞争力。适用范围：林业，纸浆和造纸，家具，锯木和板材生产，可再生能源。

针对医疗行业的投资，用以支持和发展南非和非洲的医疗和教育发展，包括新建、扩建项目，也包括入股和收购。适用范围：医疗设备制造，医疗监督和管理，医疗和牙医，诊所，医院，保健服务。[①]

（三）南非行业管理政策

1. 南非主要行业管理机构和管理法规

南非贸易、工业和竞争部是南非进行行业管理和贸易管理的主要机构。根据南非贸易、工业和竞争部的披露，南非有比较健全的企业监管和消费者保护机构设置，这些机构包括：国家消费者法庭，国家信贷监管局，国家赌博委员会，南非竞争委员会，南非竞

---

① 中华人民共和国商务部：《对外投资合作国别（地区）指南——南非（2020年版）》，2020。

争法庭，世界知识产权组织，地产代理事务委员会，国家彩票委员会，南非公司及知识产权委员会，南非公司和知识产权法庭，收购监管委员会和财务报告标准委员会，国家消费者委员会。此外，《公司法》与《消费者保护法》根据上述名单增设若干机构：公司仲裁庭，财务报告准则委员会，以及国家消费者委员会。南非也有较为健全的法律法规体系约束行业的经营与发展。根据南非贸易、工业和竞争部的梳理，南非共有与行业管理相关的1项草案和约50项法规。由于相关法律法规数量众多，在此不再一一列举。[①]

南非为促进产业发展实施诸多针对性政策，包括加强公共采购和工业融资等。南非将公共采购确定为工业化和再工业化的关键政策杠杆，通过促进当地生产和生产部门在生产和就业中所占份额的总增加来提高国内总需求。2017年南非对《南非国家标准》进行了审查。该规范提供了本地含量的标准定义——以投标价格的百分比表示，主要基于本地制造。投标人必须使用标准公式来计算其本地采购的含量。到目前为止，共有23个部门或产品被指定为本地生产，各有不同的最低本地含量阈值。南非还通过国家工业参与计划促

---

① Department: Trade Industry and Competition Republic of South Africa, "Bills and Acts", 2023, http://www.thedtic.gov.za/legislation/legislation-and-business-regulation/bills-and-acts/.

进了包括国防、石油和天然气、汽车、航空航天、铁路、能源和信息通信技术等部门的国家参与。182家当地公司得到支持，以提高它们的竞争力和出口能力。此外，南非正在开展"骄傲南非"（Proudly SA）与"本土化"（Localisation）运动，该运动已开始在开放本地制造产品的市场准入方面发挥关键作用。

工业融资可通过政府部门管理的奖励措施和通过发展金融机构提供的贷款或股权获得。南非贸易、工业和竞争部是工业激励措施的主要提供者。南非工业发展公司已经大大扩大了工业资金的水平和范围。南非积极实施工业激励政策，支持扩大经济参与、包容性增长和创造就业，2012—2018年，通过各类激励措施，扶持14226家企业，共计610亿兰特，促进企业和产业发展。这些投资主要针对厂房、机械和设备、出口销售活动和获得商业发展服务。通过黑人工业家出口网络支持黑人企业发展。通过工业开发公司向企业提供资金以支持行业计划的落实。

2. 南非重点行业的管理政策

（1）矿业管理政策

2019年之前，南非矿业管理部门是南非矿产资源部，2019年后该部与其他部门合并为矿产资源和能源部。

南非政府在矿业领域采取了一系列措施，包括矿产和石油开发法的发布，矿业章程的制定，权利金提案、金刚石修正案和贵金属法等。目前，南非的矿业政策正在进行积极调整，矿产资源和石油资源勘探开发主要根据新发布的《矿产和石油资源开发法》执行，同时受其他相关法律约束。该法于2002年颁布，确立了矿产资源作为南非全体人民共同拥有的财产，纠正了过去种族歧视政策的影响，并推动了初级和小型采矿活动。此外，法案涉及政府对探矿权和采矿权使用期限的保障承诺；确保新秩序下的相关权利可被登记、转让、交易和抵押；保障现有业者矿业权的使用期；规定探矿权的最长有效期为5年，最多可再延长3年。现有业者矿业权的使用期保障；探矿权的最长有效期限为5年，之后最多还可延续3年。2004年5月，《矿产和石油资源开发法》增加了"南非矿业的广泛的社会经济授权"一章，这个法代替了1991年的矿物法来调节各种矿物的勘探、开采、选矿和使用活动。自1994年起，南非通过减少进口关税和降低对国内企业补贴等措施，以吸引外国资本投入。征收公司税的企业分为金矿公司、其他矿业公司和一般性公司三种类别。从1999年开始，南非将一般性公司的基本税率从35%降至30%，矿业公司的综合税率从42.2%降至33%。在上述基本税率之外，南非还对所有企业已分配的股利征收二级税，税率为12.5%。目前国际上公司综合税率为30%—38%，金矿公司适用特定税率，非矿业收入（不包括黄金收入）按照统一的公司所得税率征税。金矿收入按标准税率缴税。边际盈利金矿的税率低于普通公司税率，甚至可能免税；而高盈利金矿则需要缴纳高于一般公司所得税率的税款。

为改善南非黑人利益，南非颁布的《2010年采矿宪章》中规定，对于新矿权申请者，黑人持股比例应至少达到26%。在《2018年采矿宪章》中规定，新勘探权持有者必须有至少50%的黑人持股比例，新采矿权持有者必须含有最低30%的黑人持股比例。

（2）**南非通信业管理政策**

南非负责通信行业政策制定的部门是通信部，南非独立通信监管局电信管理局是行业管理政策的实施部门，负责对通信行业的市场管理。南非针对通信业的发展发布有若干皮书文件，其中包括《音频和视听内容服务政策框架白皮书》（2020年），《国家综合信息和通信技术政策白皮书》（2016年），《邮政政策白皮书》（1998年），《广播政策绿皮书》（1997年），《电子商务绿皮书》（2000年）。作为世界贸易组织的创始成员国和世界贸易组织《基础电信协议》的签字国，南非电信业改革和电信业立法起步较早，制度体系也较为完善。南非电信方面的主要法律有：1958年出台的《邮电相关事务法》（*Post and Telecommunica-*

tions-related Matters Act)，1996 年出台的《电信法》（Telecommunications Act）和 2000 年出台的《南非独立通信监管法》（Independent Communication Authority of South Africa Act）。其中《邮电相关事务法》在第 6 章规范了电信相关活动。这部法律经过多次修订，逐步建立了南非过去的电信监管框架。新南非成立之后，电信立法进行了新的调整。之后 1996 年的《电信法》经过 5 次修订更新，于 2005 年第 36 号《电子通信法》中予以废除，新颁布的《电子通信法》对电子通信、网络和广播服务进行了整合和集中管制，并规定了南非独立通信机构应明确的不正当竞争情形，确定了可能对市场产生促进竞争和反竞争效果的条件。从而促进广播、广播信号分配和电信部门的融合，并为这些部门的融合提供法律框架，为电子通信服务及广播服务制定新条文并授予新的许可证和新的社会义务等。

（3）汽车制造业管理政策

南非政府部门较为重视汽车标准化方面的管理，南非贸易、工业和竞争部负责标准化、计量和认证的立法和政策制定。1945 年，南非颁布了标准法（Standard Act No. 24 of 1945），并进行过多次修订，在标准法中明确规定南非标准局是南非唯一制定和颁布标准的机构，该机构对南非市场准入车辆和零部件的质量检测标准给出了规定。2008 年 7 月南非颁布了

《国家强制性规范监管法》,基于公共安全健康和环境保护的要求,建立了国家强制性要求管理规范。基于该法令,南非贸易、工业和竞争部于2008年建立了南非国家强制性规范管理部门,负责确保监管产品符合国家强制性要求。其中有关整车的强制性法规有8个。在南非,企业必须执行强制性国家标准,非强制性的国家标准由企业自愿采用。政府也不直接干预企业的标准化活动,只是对强制性标准的执行情况进行监督检查。[1]

(4) 南非纺织、服装、皮革及鞋类行业管理政策

南非的纺织和服装产业依赖于南非纺织企业联合会在政府与企业之间的沟通与协调。此外,南非贸易、工业和竞争部下属的出口与投资促进改革司以及工业促进司互相联动,为纺织和服装相关企业提供生产与宏观方向的指导。自1994年新政府上台、国际贸易封锁逐步解除后,南非的服装贸易才开始起步。新政府采取的自由贸易政策将服装的进口关税由1994年的90%降至2002年的40%。[2]

---

[1] 邓梦阳:《南非汽车市场概况及产品准入制度》,中国标准化协会,第十四届中国标准化论坛论文集。

[2] 杨立华:《南非的纺织服装业发展概况》,国别区域与全球治理数据平台2010年7月,https: //www. crggcn. com/resourceDetail? id = 575948&parentName = % E6% 96% 87% E7% AB% A0% E8% AF% A6% E6% 83% 85。

（四）南非特色的产业发展模式——南非特别经济区

1. 南非特别经济区政策的发展历史

在2000年，南非政府启动了工业开发区计划。该计划旨在刺激国内外直接投资，推动以出口为主导的制造业和服务业的发展，进而促进经济的增长和就业机会的增加。南非共陆续设立了八个国家级工业开发区，分别是：库哈工业开发区（东开普省）、东伦敦工业开发区（东开普省）、理查兹湾工业开发区（夸祖鲁—纳塔尔省）、杜贝贸易港工业开发区（夸祖鲁—纳塔尔省）、萨尔达尼亚湾工业开发区（西开普省）、马卢蒂工业开发区（自由州省）、穆西纳·马哈多能源冶金工业开发区（林波波省）、奥立佛·坦博工业开发区（豪登省）。

2008年国际金融危机前后，南非政府开始重新评估工业开发区政策，并制定了建设特别经济区的计划，旨在扩大工业化的覆盖范围，以涵盖不同的区域发展需求和背景；为发展更广泛的特别经济区提供清晰、可预测和系统的规划框架，以支持产业政策目标，如《南非产业政策行动计划》和《2030国家发展计划》；明确和加强产业发展的治理安排，扩大产业支持政策的范围和质量；提供一个可预测的融资框架，便于支持实现更长期的产业规划。特别经济区建设计划为南非特别经济区的发展、运营和管理提供了清晰的框架，尝试弥补工业开发区的不足。

随后，南非出台了2014年第16号《经济特区法案》。该法案对经济特区的分类和定义如下："工业开发区"，是指利用境内外固定直接投资发展增值和出口导向型制造业和服务业的专用工业园区；"自由港"，是指毗邻进境口岸的免税区，进口货物可以在经济特区内卸下，进行储存、再包装、加工增值活动，并办理海关进口手续；"保税区"，是指为经济特区内的增值活动提供储存和配送设施以供以后出口的免税区；"部门开发区"，是指通过促进一般或具体工业基础设施、奖励措施、主要为出口提供技术和商业服务，重点发展特定部门或工业的区域。

在2016年，南非政府正式发布了《南非特别经济区法案》，该法案明确了特别经济区的目标，包括：推动制造业和服务业中具有战略性经济优势的目标投资以及工业生产中心的形成；建立支持目标工业活动发展所需的基础设施；吸引外国和国内直接投资；为目标投资提供合适的场地及相关支持措施；促进矿产和自然资源的开发与利用；利用现有工业和科技优势，推动与本地工业整合，提高产品附加值；促进区域发展；提高特别经济区的就业率和其他经济、社会利益、科研技术及其技术转移。

由于长期资金方面的限制，《南非特别经济区法案》和《特别经济区战略》草案鼓励私营部门在南非经济特区方案中发挥积极作用。《南非特别经济区法案》设计在特别经济区的发展和运作中建立公私伙伴关系。这提供了多种不同模式的发展潜力，包括：政府将已明确所有权和开发权的地块集合起来，出租给私人开发集团；在政府担保与财政支持下，采用建设—运营—移交的路径推动园区基础设施建设；国有区域承包给私人管理或由私人租用国有资产。特别经济区为企业提供了一系列有吸引力的优惠政策，如优惠的企业所得税率（通常为28%，特别经济区内为15%）、建筑资产加速折旧补贴、劳动力相关激励政策（雇佣低收入员工可获得税收补贴）、关税控制区优待（位于特别经济区内关税控制区的企业可享受增值税和关税减免）等。

此外，南非贸易和工艺部还积极计划推行"一站式"服务，为投资者提供厂房规划、许可申请、公共基础设施、优惠政策申请、融资以及环保标准协助等全方位服务。南非贸工部对外国合作伙伴投资参与南非特别经济区建设、促进当地经济发展持欢迎态度，旨在同有关各方加强沟通协调，就园区建设、发展规划和优惠政策等进行商谈。

2. 南非特别经济区发展现状

《南非特别经济区法》法案颁布后，前述的八个工业开发区逐步转为特别经济区。在2017年6月，南非贸工部长戴维斯发表官方声明，确认库哈、杜贝贸易港、东伦敦、马卢蒂、理查兹湾和萨尔达尼亚湾六个工业开发区获得特别经济区资格；2018年6月，财政部长批准这些特别经济区获得公司税减免等优惠政策。2016—2017财年，南非特别经济区共吸引了70家投资者，投资总额达到96亿兰特；2017—2018财年，投资者数量增加到88家，投资总额提升至155亿兰特，并为当地创造了12380个直接就业岗位。2019—2020财年，南非政府宣布特别经济区已达到充分执行阶段，特别经济区的业务投资者总数现已达到115人，总投资额超过168亿兰特。此外，已确认但尚未投入运营投资者82个，预计投资金额458亿兰特。

南非目前有十个特别经济区，分别是：库哈工业特别经济区（东开普省）、东伦敦特别经济区（东开普省）、理查兹湾特别经济区（夸祖鲁—纳塔尔省）、杜贝贸易港特别经济区（夸祖鲁—纳塔尔省）、萨尔达尼亚湾特别经济区（西开普省）、西大洋城特别经济区（西开普省）、穆西纳·马哈多能源冶金特别经济区（林波波省）、马卢蒂特别经济区（自由州省）、奥立佛·坦博国际机场特别经济区（豪登省）和诺克马兹特别经济区（姆普马兰加省）。

大西洋城特别经济区是南非于2011年提出的在大西洋城建立绿色技术制造中心的倡议的一部分，是对能源部"可再生能源独立发电计划"的落实。大西洋城特别经济区位于南非西海岸，距离开普敦40千米。该特区旨在利用好南非可再生能源和绿色技术优势，集中发展绿色能源产业，包括可再生能源技术。风力涡轮机、太阳能电池板、绝缘材料、生物燃料、电动汽车、材料回收和绿色建筑材料。大西洋城特别经济区已经吸引了它的第一个大型绿色科技投资者——海斯坦普可再生工业。该企业是大型风塔制造商，目前已在特区投资3亿兰特。

库哈特别经济区于1999年成立，占地11500公顷，由东开普省通过东开普发展公司全资拥有，由库哈发展私人有限公司运营，并获得贸工部36亿兰特和东开普省11亿兰特拨款。库哈发展私人有限公司于2007年获得南非贸工部颁发的工业开发区运营商许可证。

东伦敦特别经济区于2002年成立，占地420公顷，由东伦敦工业开发区私人有限公司负责管理。该公司是由东开普省（持股76%）和布法罗市政府（持股24%）共同组建的合资企业。在2007年，它获得了南非贸工部颁发的工业开发区运营商许可证。东伦敦特别经济区共获得了来自贸工部的11亿兰特和来自东开普省的11.2亿兰特的经费支持。该特别经济区现有23个投资方,投资额15亿兰特,创造了5524个直接岗位(包括建筑业岗位)。汽车业是该区内的主要行业,占所有经济活动的90%。

理查兹湾特别经济区于2002年成立,占地350公顷,由理查兹湾特别经济区私人有限公司负责管理。该公司是夸祖鲁—纳塔尔省(持股60%)和尤姆拉图兹市(持股40%)共同运营的合作企业。在2009年,该公司获得了南非贸工部颁发的特别经济区运营商许可证。理查兹湾特别经济区共获得了来自贸工部的8840万兰特和来自夸纳省的2亿兰特的资金支持。理查兹湾特别经济区的主要产业包括铝、家具、钛、船舶修理和合成木材集群。目前,已吸收6.5亿兰特投资。

杜贝贸易港特别经济区于2009年成立,占地2840公顷,由夸祖鲁—纳塔尔省的国有企业杜贝贸易港口公司负责运营。第一阶段项目包括目前的300公顷农业区,预计未来将扩展至700公顷。主要产业涵盖了航空航天及相关制造业和服务业,如园艺、水产养殖、花卉种植等农业活动以及农产品加工。此外,还包括电子制造与组装业、医药生产与流通以及服装和纺织业等。已吸收9亿兰特私人投资,创造了16527个就业岗位。

萨尔达尼亚湾特别经济区位于开普敦北部，距离市中心不远。2013年10月，当时的南非总统祖马正式宣布启动萨尔达尼亚湾特别经济区的建设，并将其移交给西开普省的萨尔达尼亚湾市管理。这个特别经济区的主要定位是成为非洲地区的石油、天然气、船舶维护保养以及物流服务中心。通过这个特别经济区的建设和发展，有望吸引更多相关产业投资者，进一步推动南非和非洲大陆经济的繁荣。

马卢蒂特别经济区位于自由州省东部。2016年2月，马卢蒂特别经济区取得特别经济区运营牌照和许可证。2017年4月，时任南非总统祖马宣布马卢蒂特别经济区正式投入运营。总占地面积1038公顷，马卢蒂特别经济区包括物流配送中心和集装箱装卸区。该特别经济区将汽车制造业、农产品加工、信息通信技术、食品加工、物流以及水产养殖等行业作为优先发展的重点领域。据预测，在2018—2019财年，马卢蒂特别经济区内的项目投资总额将达到5.5亿兰特。此外，许多企业正在进行尽职调查，预计在未来5年内，该特别经济区将吸引约26亿兰特的投资。

穆西纳·马克哈多能源冶金特别经济区。在2016年7月，南非内阁批准在林波波省建立穆西纳·马克哈多特别经济区，以发展能源冶金产业。中国的海贸集团联营体负责该特别经济区的规划、开发、管理和运营。2017年9月，南非贸工部向海贸集团颁发了特别经济区运营许可证。穆西纳·马克哈多特别经济区预计投入超过400亿兰特用于发展能源和冶金产业集群。预计在未来5年内，该特别经济区将为当地创造超过2万个就业岗位，从而促进地区经济发展和提高居民生活水平。此外，该特别经济区的建设将有助于吸引更多国内外投资者，进一步提升南非在全球能源冶金领域的竞争力。

奥立佛·坦博国际机场特别经济区旨在利用奥立佛·坦博国际机场开发周边土地，刺激经济发展。该特别经济区主要支持贵金属和矿物部门的选矿增长，重点是南非贵金属和半贵金属的小型、高利润、面向出口的制造业。奥立佛·坦博国际机场特别经济区将综合开发包括几个特定行业的区域，计划在10—15年的时间内分阶段进行开发。

诺克马兹特别经济区位于诺克马兹地方自治市的东部，距离姆普马兰加省的内尔斯普雷特中央商务区约65千米。诺克马兹地区的地理位置是其主要竞争优势。该地区位于斯威士兰北部和莫桑比克西南部之间，与斯威士兰之间有两条国道，即"R570"和"R571"，与莫桑比克之间有一条铁路线和国道"N4"，共同构成了马普托走廊。

除了上述已经获得批准的特别经济区名单，贸易和工业部门继续计划在其他省份建立新的特别经济区，以促进南非的工业化。正在着手建立的特别经济区包括西北部的博亚那拉特别经济区和北开普省纳马瓦特别经济区，豪登省科技、高科技和汽车特别经济区，林波波省图巴塞特别经济区以及东开普省野生海岸特别经济区。

三 中国—南非产能合作的现状

（一）2010年以来的中国—南非贸易

1. 中国—南非经贸合作机制

中国与南非于1998年1月1日建立外交关系。双方相继签订了《中华人民共和国政府和南非共和国政府关于相互鼓励和保护投资协定》（1997年12月30日）、《中华人民共和国政府和南非共和国政府关于成立经济和贸易联合委员会的协定》（1999年2月2日）、《中华人民共和国政府和南非共和国政府关于对所得避免双重征税和防止偷漏税的协定》（2000年4月25日）、《中华人民共和国和南非共和国关于深化战略伙伴关系的合作纲要》（2006年6月21日）等经贸合作协议。2004年6月，南非宣布承认中国的市场经济地位。2006年9月，中国海关总署和南非税务总署签署了《中国和南非海关互助协定》，决定合作打击走私犯罪活动，共同建立新型现代化海关信息系统，开展海关电子数据交换，加强双方海关执法力度。此外，南非农业部与中华人民共和国国家质量监督检验检疫总局就柑橘、苹果、玉米、冷冻牛肉、苜蓿草等农产品对华出口也签订了相关协议。2014年祖马总统访华期间，中南双方签署《中华人民共和国和南非共和国5—10年合作战略规划2015—2024》，将海洋经济、经济特区、产能、基础设施建设、能源和人力资源开发确定为未来两国经贸合作的重点领域，为中南全面战略伙伴关系发展注入动力。2015年，南非加入亚投行，并在同年12月签署了共建"一带一路"谅解备忘录。

2. 2010年以来中国—南非贸易额变化

中国是南非最大贸易伙伴，南非是中国在非洲最大贸易伙伴。国际金融危机到来以前，中国与南非的双边贸易发展迅猛。经济危机虽对中南双边贸易造成一定程度的影响，但2010年以后，全球经济开始复苏，中南双边贸易很快恢复了增长。2010—2014年，中南双边贸易额分别为257亿美元、454.6亿美元、599.8亿美元、652.6亿美元、602.7亿美元，从以上数据可以看出中南双边贸易在短暂经历国际金融危机后迅速恢复过来，并且有着强劲的发展。2010年，中南双边贸易额突破了200亿美元，增长率高达60.01%。2011年中南双边贸易额达到有史以来的最高峰，双边贸易额突破400亿美元，拥有76.9%的增速。2012—2014年，中南双边贸易的增长速度虽然逐年降低，甚至在2014年出现了负增长，但总体贸易规模还是非常大的。中国还在2012年超过美国与日本，成为南非最大的贸易伙伴国，中南双边经贸合作前景广阔。

2015年以来，中南贸易在400亿美元附近徘徊（如表3-1所示）。2020年双边贸易额358.36亿美元，同比下降15.7%；其中，中方进口总额205.93亿美元，同比下降20.6%；中方出口总额152.43亿美元，同比下降7.9%。在2021年的1—10月，中国与非洲之间的贸易总额达到了13.4万亿元人民币，相较于上年同期实现了27.4%的增长。这一贸易额主要包括电子与电器产品、纺织品和金属制品等出口至非洲，以及从非洲进口的矿产资源。在此期间，中国对非洲的出口额为7825.4亿元人民币，同比增长了24.5%；而从非洲进口的金额为5581.4亿元人民币，同比增长了31.7%。其中，南非、尼日利亚、安哥拉、埃及和刚果（金）是中国在非洲市场的前五大贸易伙伴，总贸易额占比超过一半。具体而言，分别有2909.2亿、1348.3亿、1208.9亿、1035.9亿和

719.8亿元人民币的贸易额,同比分别增长了45.3%、25.8%、27.8%、30%和47.4%,合计占同期中国对非洲贸易额的53.9%。2018年11月,南非作为主宾国参加首届中国国际进口博览会。2019年6月,中国政府组织贸易促进团成功访南,双方共签署93项合作协议,协议金额近20亿美元。

中南贸易在经历了2013年的高峰后,为什么会出现剧烈的变动?2012—2016年南非国内经济发展持续低迷,南非又是一个资源出口依赖型的国家,受国际大宗商品价格下跌的影响,南非一度陷入严重的经济危机之中,与中国的双边贸易同样呈现疲软趋势。

表3-1　　　　2015—2020年中国与南非双边贸易统计

单位:亿美元

年份	进出口	同比增长(%)	中国出口	同比增长(%)	中国进口	同比增长(%)
2015	460.4	-23.6	158.6	1	301.8	-32.3
2016	353.4	-23.2	128.5	-19	224.9	-25.4
2017	391.7	11.7	148.2	15.3	243.5	9.5
2018	435.5	11.1	162.5	9.8	273.0	11.9
2019	424.7	-2.5	165.4	1.8	259.2	-5
2020	358.36	-15.7	152.43	-7.9	205.93	-20.6

数据来源:西亚非洲司:《中国—南非经贸合作简况(2021)》,中华人民共和国商务部西亚非洲司,2021年11月18日。

3. 2010 年后中国—南非贸易差额

2010 年以来,中国与南非双边贸易渐渐呈现非均衡发展态势。从表 3-2 可以看到,2010—2013 年中国对南非贸易逆差持续加大,贸易逆差从 2010 年的 41.03 亿美元扩大到 2013 年的 315.58 亿美元,这些数据说明中国与南非之间的贸易出现了严重失衡格局。2014 年后,中国对南非的贸易逆差逐步缩小,2019 年中国对南非贸易逆差为 94.06 亿美元,中南双边贸易格局渐渐得到调整。

表 3-2　　　2010—2019 年中国与南非双边进出口贸易额

单位:亿美元

年份	出口总额	进口总额	进出口总额	贸易差额(出口-进口)
2010	108.00	149.03	257.03	-41.03
2011	133.62	321.08	454.70	-187.46
2012	153.23	446.71	599.94	-293.48
2013	168.31	483.88	652.19	-315.58
2014	156.99	445.68	602.67	-288.69
2015	158.58	301.51	460.09	-142.93
2016	128.54	222.29	350.82	-93.75
2017	148.09	243.89	391.97	-95.85
2018	162.48	272.87	435.36	-110.39
2019	165.43	259.49	424.92	-94.06

数据来源:作者根据联合国商品贸易统计数据库(UN Comtrade)相关数据整理后绘制。

4. 中国—南非贸易结构

从贸易结构来看，矿产品、贵金属及制品是南非的前两大类出口商品，主要是因为南非具有矿产、贵金属资源禀赋。南非的主要出口产品为机械和电子设备。然而，中国在劳动密集型产品领域具有显著优势，例如纺织品、家具、玩具等轻工业产品。中南贸易拥有巨大的发展空间，规模较大，增速迅猛，而且双方经济互补性较强。尽管如此，中南贸易仍存在一些问题，如贸易发展不均衡、商品结构单调以及附加值较低。此外，双方贸易在国家利益方面的差异导致贸易摩擦时有发生。然而，总的来说，中南贸易未来的合作发展潜力仍然巨大。

表3-3　　　　　　　2019年中国自南非进口商品结构

商品	金额（亿美元）	占总进口份额（%）
珠宝、贵金属及制品	126.38	48.75
矿砂、矿渣及矿灰	95.75	36.93
钢铁	15.28	5.90
铜及其制品	4.48	1.73
食用水果及坚果	3.36	1.30

数据来源：作者根据中国海关网站相关数据整理后绘制。

表 3-4　　2019 年中国对南非出口商品结构

商品	金额（亿美元）	占总出口份额（%）
电机、电气、音像设备及其零附件	32.98	19.93
锅炉、机械器具及其零件	23.34	14.11
家具、寝具等、灯具、活动房	9.85	5.96
车辆及其零附件，但铁道车辆除外	7.32	4.43
针织或钩编的服装及衣着附件	7.19	4.35

数据来源：作者根据中国海关网站相关数据整理后绘制。

表 3-5　　2021 年 1—5 月中国对南非主要进出口商品

2021 年中国对南非出口主要商品		
商品	金额（亿美元）	同比变化率（%）
纸制品	84.06	26.79
艺术和古董	23.80	33.87
鞋帽	20.48	36.48
武器	15.95	288.22
塑料制品	12.09	52.26
蔬菜制品	10.56	-7.45
食品	10.34	26.03
石制品和玻璃	8.87	38.07
日用百货	4.29	33.87
木制品	4.00	34.09
仪器	1.98	10.33
矿物	1.96	94.68
金属	1.79	86.61
交通运输	1.68	82.32

续表

2021年中国对南非出口主要商品

商品	金额（亿美元）	同比变化率（%）
动物制品	1.06	5.84
机械、电气、电子产品	0.87	36.98
化工产品	0.56	39.47
贵金属	0.29	83.09
纺织品	0.03	4.59
动物皮毛	0.03	21.24
动物和蔬菜制品	0.01	6.19

2021年南非对中国出口主要商品

商品	金额（亿美元）	同比变化率（%）
贵金属	102.78	129.86
矿物	69.16	55.46
金属	19.96	28.29
蔬菜制品	3.18	15.55
纺织品	2.61	13.19
纸制品	1.95	-32.90
化工产品	1.44	-34.45
机械、电气、电子产品	0.98	66.85
木制品	0.72	43.22
食品	0.70	-21.66
动物制品	0.65	1.68
交通运输	0.50	347.38
动物皮毛	0.34	49.95
动物和蔬菜制品	0.32	633.61
塑料制品	0.29	-52.68

续表

2021年南非对中国出口主要商品		
商品	金额（亿美元）	同比变化率（％）
石制品和玻璃	0.26	29.16
仪器	0.13	59.99
鞋帽	0.06	7.52
艺术和古董	0.01	-18.76
日用百货	0.01	-15.64

数据来源：The Observatory of Economic Complexity, "China/South Africa Latest Trends", June 2023, https：//oec.world/en/profile/bilateral-country/chn/partner/zaf?depthSelector = HS2Depth&measureBilateralTradeSelector = vizValueOption1。

（二）中国—南非投资合作总体情况

中南双方在投资合作方面的合作领域愈发广泛，主要涉及能源建设、矿业开发、基础设施、装备制造以及金融等多个领域。除此之外，旅游业、电信和海洋领域的合作同样在深入发展。2010年南非加入金砖国家合作机制，借助金砖国家合作机制，大幅推动了双方在经济贸易领域的发展。中国作为全球最大的发展中国家，南非则是在非洲大陆具有较强综合实力的国家。相较于其他非洲国家，中南经贸合作具有特殊的发展机遇。中非合作论坛、金砖国家合作机制等多个合作平台为双方经贸关系的发展提供了良好的机会。同时，两国之间稳定的政治基础和广泛的文化交流亦有助于经贸合作的深化。南非在非洲大陆上的投资环境相对优越，拥有丰富的自然资源，特别是在矿产行业领域，其出口地位位居世界前列。南非制定了一系列有关外国投资的政策，鼓励外国企业在南非投资发展。尤其值得一提的是，汽车产业在南非已形成完善的产业链，为投资提供了有利条件。在中国方面，国家实施"走出去"战略，积极支持国内企业在海外投资。同时，政府实施了退税政策、关税优惠等措施以鼓励企业拓展国际市场。中国拥有庞大的人口基数和高素质的工业劳动力，使得出口产品具有价格竞争优势。此外，中国在技术方面的成熟发展也有助于企业在南非市场的扎根和发展。

1. 南非投资环境

南非政府为投资者制定了优惠政策，作为非洲大陆的重要门户，南非为了吸引外国投资，推出了一系列有关投资的政策措施。在20世纪90年代的《1994年关税与贸易总协定》中，南非作出了大胆的贸易自由化承诺，并在多边自由化方面取得了显著成果。2023年4月南非总统拉马福萨提出了一项雄心勃勃的吸引投资目标，即在未来五年预计吸引2万亿兰特新增投资。与2017年相比，2018年南非新吸引的外资数量大幅上升，从20.07亿美元增加至53.34亿美元；

同时，南非资本外流大幅下降，从73.66亿美元降至45.52亿美元，同时南非政府加大了对研发的投入，推动技术进步，并成功吸引了更多的外资。

南非针对外国投资者的优惠政策主要涵盖了以下三个方面。首先，实施了有益于投资的政策框架，包括针对中小企业的发展项目，支持中小企业创新和成长，以及提供技术援助项目。此外，政府鼓励中小企业加入联盟，参与产业项目培训等活动。其次，由于南非是一个汽车产业发达的国家，政府格外注重汽车产品的开发项目。为此，南非政府降低了汽车行业生产设备的关税，进一步促进了汽车制造业的发展。最后，南非政府还鼓励外国投资者对制造业和商业服务领域进行投资。通过实施这些政策，南非吸引了大量外国资本，促进了国内产业的发展和创新。

产业刺激政策是南非针对外国投资者实施的一项优惠措施。南非的贸易与工业部为许多国家提供援助，旨在提升各行业的竞争力并促进产业进步。贸易与工业部给予支持的产业涵盖了多个领域，包括：食品、饮料及农业生产；化学品与纺织业；媒体和电影制作；服装制造；矿产、林业和造纸业；制药行业；金属加工；交通、工程和高科技产业等。

南非实行区域经济政策，旨在吸引外国直接投资以及推动出口导向型制造业和服务业的发展。自2000

年起，南非开始简化工业开发区的建设。在靠近港口和机场的区域，南非共设立了六个产业开发区，为投资者提供了优质的基础设施、快速通关以及税收优惠，以便于建立生产基地。到了2014年，南非颁布了《特别经济区法》，针对工业开发区、自由港、自由贸易区和特别经济区等领域制定了一系列优惠政策。相关数据资料显示，南非的特别经济区政策在促进外商投资方面取得了一定的成效。例如，2018年，南非共吸引了约138亿美元的外国直接投资，同比增长约446%。

南非在外国投资方面的关键法律包括《出口信贷与外国投资、再保险法》《外汇管制特赦与税收修正法》《贷款协定法》等。除此之外，还有一些与规范外资管理相关的法律，如《竞争法》《税收法》《海关与税收法》《消费者事务法》等。南非还制定了一些进出口和反倾销等规章制度。中南两国都重视促进双边经贸投资，签署了《中华人民共和国政府和南非共和国政府关于相互鼓励和保护投资协定》《中华人民共和国政府和南非共和国政府关于对所得避免双重征税和防止偷漏税的协定》，有利于双方开展经贸合作。

根据南非关税同盟规定，中南合作进出口产品的最惠国关税涵盖了15115个税目，其中33%的税目为零关税。零关税主要涉及资本密集型商品、成品和化学品。中国有38种产品的平均关税低于5%，其中核反应堆关税最高，随后是有机化学品。有23种产品的平均关税在5%—10%，塑料产品的关税最高，其次是电机和设备。在其他类别中，车辆和运输设备、钢铁制品以及部分其他成品的关税较高。超过30个产品类别的平均关税在10%以上，其中服装和其他纺织品的税目最多，其次是家具产品。总体来看，成品在这些类别中占主导地位，与自然资源、农业加工产品和其他产品相比，关税金额相对较高。对于低关税产品，中国可以抓住机遇，利用国内相对成熟的技术和高素质的工业劳动力获得出口优势，提高贸易层次。

总之，南非拥有良好的自然条件，丰富的矿产资源和旅游资源，经济产业门类齐全，经济发展状况稳步前行。国家还出台了有利于经济贸易发展的政策，支持双边经贸合作。中南双方都应利用这种优越的贸易环境推动双边经贸关系进一步发展，提升贸易合作质量，扩大贸易合作范围。

2. 中国—南非投资合作具体情况

中国与南非的投资合作范围持续扩大，不仅涵盖了能源、金融和制造业等主要领域，还涉及纺织服装、家电、机械、食品、建材、贸易、运输、信息通信等多个行业。自1998年起，中国企业开始在南非投资，逐步稳定增长。截至2018年年底，南非已成为中国在非洲投资最多的国家，投资总额达到7.74亿美元。随着中南高层互访频繁，双方确认了战略伙伴关系，对外投资和贸易快速发展。两国在投资方面展开了广泛合作，涉及矿业、农业、金融业、旅游业、家电设备、电信、基础设施等多个领域。然而，与欧美国家相比，中国在南非的总投资量仍有待提高。据南非储备银行公布的数据，2017年中国对南非的直接投资占南非吸引外资总量的19%，但截至2017年年底，中国对南非的直接投资存量占比仅为4.7%，排名第六。国有企业和民营企业都参与了对南非的投资，其中民营企业占大部分，制造业是投资最多的行业。中国企业主要分布在南非的约翰内斯堡地区及各省的工业园，投资项目包括纺织服装、家电、机械、食品、建材、矿产开发以及金融、贸易、运输、信息通信、农业、房地产开发等多个领域。一些知名投资项目包括中钢集团的铬矿项目、金川集团的铂矿项目、河北钢铁集团的铜矿项目、第一黄金集团的黄金项目、海信集团的家电项目以及北汽南非汽车工厂项目等。

南非在华投资项目主要集中在矿业、化工和饮料等行业。据统计，目前在中国投资的南非企业约有26家，从2003年1月至2019年8月的资本支出达到

8800亿兰特（大约58.9亿美元）。这些投资主要来自南非知名企业，如南非啤酒公司、"MIH媒体集团"等。相关资料显示，南非啤酒公司在华投资的业务主要包括生产、销售和分销啤酒及其他饮料。南非啤酒行业目前仍是南非经济的主要贡献者，南非啤酒公司在2022年表示要继续扩大产能，预计投资9.2亿兰特。此外，"MIH媒体集团"在中国的业务涉及广播、电视、互联网等多个方面，为当地市场提供丰富的媒体内容。南非企业在华投资的成功案例还包括：南非矿业公司在中国的矿产项目、南非化工公司在华的化工生产和销售项目等。这些投资案例表明，南非企业在中国市场上有很大的发展潜力，可以为两国经济发展提供新的动力。

（1）能源建设

传统上，南非严重依赖煤炭发电，这导致了电力供应不足的问题，进而限制了南非经济的发展。为了解决这一问题，南非政府寻求开发替代能源。在这一背景下，中国民营企业在可再生能源领域扮演了重要角色。自2012年以来，数家中国可再生能源公司开始在南非投资，随后更多中国能源企业进入南非市场。中国驻南非大使馆数据显示，中国企业在南非可再生能源市场份额接近50%。南非已经成为全球可再生能源技术价值链的一部分。

两国还在核能领域展开了双边合作。2014年11月7日，中南两国部长签署了《中南两国核能合作政府间框架协议》，允许中国企业参与南非2015年的核电项目投标。这有助于充分利用两国资源优势，推动能源基础设施建设。

此外，中国还对南非矿业进行了投资。南非是全球矿业发达国家之一，也是主要的矿产供应国。南非是全球第四大煤炭生产国，其中28%的煤炭用于出口。尽管许多矿产尚未开发，但在南非矿业仍具有巨大的发展潜力。然而，受2008年国际金融危机影响，中钢集团等钢铁企业陷入困境，投资回报率较低。随后，它们将投资重心转向贵金属领域。鉴于黄金和铂金价格下滑，中国矿业投资者在进入新市场时更加谨慎，倾向于通过持股或联合投标与南非企业合作。中国通过技术转移和基础设施改善，为南非矿业发展作出了贡献。

（2）金融

近年来，中南两国在金融领域的合作不断扩展。2008年3月，中国工商银行斥资约54.6亿美元（合366.7亿兰特）收购非洲最大银行，即非洲标准银行20%的股权，成为迄今为止中国在非洲最大的金融投资项目。

早在2007年10月，中国工商银行就宣布以55亿美元的价格收购南非标准银行20%的股份，这一交易是当时南非接收的最大外国直接投资。2014年，工商银行进一步收购了位于南非的标准银行英国子公司60%的股权。南非拥有非洲最大的证券交易所，金融市场相对成熟，且尚未饱和，因此，中国银行业与南非金融业的合作潜力巨大。

从2009年开始，伴随着越来越多中国的银行进入南非，中国在南非的投资逐步加快。2011年9月，南非国家开发银行与中国国家开发银行签订了一项总额达25亿美元的金融合作协议。两家银行在矿业、基础设施、交通等领域进行了多个双向投资项目。2013年8月的首届"南非—中国资本市场论坛"上，双方都强烈表示，期望推动长期金融市场合作。2017年3月，中国银行与南非贸易、工业部签署了"战略合作备忘录"，明确了双边合作方向，并全力支持中南两国企业共同投资和市场拓展，为南非工业领域融资提供更多机会。此外，银行还资助了一些合资企业，以帮助贫困地区提供就业机会，改善基础设施状况。然而，在实际投资过程中也面临一些挑战，收益未达预期。例如，中国银行与南非标准银行的交易收益增长缓慢，特别是2008年国际金融危机及双方政府烦琐的手续拖延了合作进程。尽管遇到这些障碍，中南两国之间快速增长的贸易和投资流动表明，金融合作领域的前景仍然一片光明。据统计，2019年中南双边贸易额达到424亿美元，同比增长2.2%；2020年，受疫情影响，双边贸易额下降至358亿美元，但在全球贸易低迷的环境下，中南贸易占比仍保持增长。此外，截至2021年年底，中国与南非双边贸易额达到543亿美元，同比增长50.7%，[①] 表明金融合作发展潜力巨大。

（3）基础设施

虽然南非在非洲国家中的基础设施相对较为发达，但与中国相比仍有很大差距。除了开普敦之外，其他城市的道路状况并不理想，即便在大城市里，公共交通班次较少，间隔时间较长，车辆数量有限。此外，南非时常面临电力供应短缺问题，对经济增长产生负面影响。南非的治安状况也令人担忧，抢劫事件时有发生，安全环境欠佳。南非政府对基础设施领域的外国援助设定了诸多限制性条件，不倾向于让其他国家过多参与其建设。这些因素都对中国在南非基础设施投资产生了一定程度的影响。然而，南非政府在近年来已经意识到基础设施建设对国家发展的重要性，提出了包括《2030年国家发展计划》在内的一系列发展规划。2021年南非财政预算报告显示，南非在2020年的公共部门基础设施增

---

① 数据来自中华人民共和国商务部西亚非洲司。

长至2261亿兰特,[①] 同时非盟委员会、"非洲新发展伙伴关系"以及非洲开发银行联合发起了非洲基础设施发展计划，其中约120个项目为基础设施建设，在此背景下，中国与南非在基础设施建设领域的合作空间广阔。

在基础设施领域，中南合作主要集中于设施升级和技术交流，以期提高南非的自给能力和实现可持续发展。在非洲地区，许多中国参与的基础设施项目都是从零开始建设。例如，在2013年3月，南非国有运输公司与中国国家开发银行达成协议，共同推进基础设施项目的改进。据南非交通部估算，全国范围内的交通系统升级需要投资约400亿美元，包括公路维修投入约65亿美元、客运投资约79亿美元以及高速铁路建设投资约250亿美元。中国南铁公司作为一家国有运输企业，在2013年为南非提供了10辆货运机车和电力发动机。2014年，在中国国家开发银行的支持下，中国南方铁路公司成功竞得21亿美元的投标，而中国北方铁路公司在约翰内斯堡获得了88亿美元的合同。此外，南非交通部计划修建三条高速铁路，将连接12个城市和6个边境城镇。在基础设施建设方面，中国的资金来源主要包括中非发展基金和金砖国家新

---

① National Treasury of Republic of South Africa, "Nation Budget 2021", 2021, http://www.treasury.gov.za/.

开发银行。南非政府的《2030年国家发展计划》为一些最贫困地区的基础设施建设提供了大量资金支持。这为中南双方在水利、能源、交通、教育、医疗等基础设施领域的深入合作奠定了基础。

(4) 电信

中国公司在非洲电信基础设施的融资和供应方面具有显著的影响力，目前在这个领域超越了欧洲和美国的竞争对手。尤其在南非，中国企业通过利用政府补贴、政府间关系、竞争性的低成本定价策略以及与本地电信运营商合作等方式，成功地进入并占领了市场份额。华为在1998年进入南非市场后，目前在南非通信市场份额位居榜首，拥有上千名员工，并且员工本地化率已经超过50%，华为在南非的成功得益于中国企业一直以来提供的综合解决方案，包括硬件设备、软件服务和维护支持，以及与当地运营商的长期合作，不仅帮助非洲国家提升通信水平，也为中国企业在非洲市场的发展提供有力支持。

(5) 制造业

南非通过实施各种激励政策，激励中资企业与本地公司以多样化且富有创意的方式展开合作，从而打造更优越的制造业氛围。随着中国劳动力成本的提高，一些制造商选择将工厂迁移到海外。南非对中国投资者具有极大的吸引力，因为它可以作为中国企业拓展非洲和欧洲市场的中间制造基地，同时"南非制造"的标签有助于提升南非在全球市场的出口份额。自2013年起，海信在南非的生产能力得到了显著提升，日产量从当时的750台增加到2014年的日产量超过1000台。如今，海信在南非高端电视市场的排名已升至第二位。这些进展都表明，中国企业与南非合作在制造业领域取得了显著的成果。

在汽车产业方面，中南双方同样展开了合作。2008年国际金融危机对该行业产生了重大冲击，部分零部件从中国进口导致南非贸易逆差扩大。在这种情况下，北京汽车制造厂和中国第一汽车集团有限公司等中国汽车制造企业进军南非市场，并通过增加在南非的采购量、对本地员工进行技能培训以及根据当地实际情况制定策略等途径，为汽车产业的发展提供支持。与此同时，南非政府也推出了一系列有利的财政措施，如免税优惠，以吸引外国投资者。此外，南非还计划通过设立经济特区，为国际投资者提供一站式服务。

在装备制造领域，中南双方存在广泛的合作空间。得益于南非沿海地区众多港口城市以及较为发达的港口设施，同时，矿业开采亦需依赖先进设备。在这方面，中国的优势企业，如船舶制造业，有机会进入南非市场，共享技术知识并与南非船舶制造业携手合作，共同开发石油资源等。

近年来，旅游业逐渐受到广泛关注，对南非国内生产总值的贡献已超过 9%，在 2013 年创造了约 140 万个就业机会。南非丰富的野生动植物资源、独特的文化和购物体验吸引了大量中国游客，使中国成为南非第四大入境旅游来源国。据统计，2013 年，来自中国的入境游客人数已超过 15 万。

中国与南非签订了《中华人民共和国和南非共和国 5—10 年合作战略规划 2015—2024》，以及涵盖经济贸易、投资、农业等多个领域的合作协议，涉及众多投资项目。此外，两国还共同成立了中南经济贸易促进委员会，以推动实施产能合作项目，促进双边经贸往来。中国在南非的主要投资领域对于推动中南关系的深化发展具有关键作用。这种日益紧密的伙伴关系通过各种政策措施得到了加强。南非面临的核心挑战是如何全面拓展以上领域，吸引更多中国企业参与合作，这对南非社会产生深远影响。各利益相关方，如国家政府、工会等之间的密切协作将提高双方的利益。中南合作拥有坚实的基础和良好的条件，若抓住这一战略机遇期，南非将收获颇丰。

（三）中国—南非产能合作总体评述

1. 中国—南非产能合作的成就

中南双方在产能领域的合作发展迅速，对中非经贸关系乃至中非关系的发展具有强大的推动作用。目前，中国企业对南非产能合作已涉及交通运输、装备制造、资源开采、信息通信、工程承包、农产品加工、新能源、金融等多个领域，积累了大量成功经验。总体而言，主要体现在以下几大方面：

（1）寻找合适的合作伙伴

中国企业在南非投资兴业，必须遵守广义基础的黑人经济振兴法案法律、法规和经济发展计划评分机制（以下简称"B-BBEE法案"），在对南非的本地化率、促进黑人就业、社会/小企业捐助等经济发展方面设计合理方案，实现企业效益和社会效益的最佳结合。例如，华为通信与南非市场的四大运营商"MTN""CellC""TELKOM""VODACOM"保持紧密的合作关系。在销售策略上，华为采用线上线下相结合的方式。线上方面，通过当地主流媒体进行品牌传播；线下方面，通过督导和促销员确保门店销售和促销活动的有效实施。为了满足当地法律法规和业务发展需求，中兴通讯南非公司计划引入符合"B-BBEE法案"要求的非关联方黑人股东，以现金约1.166亿兰特（折合人民币约7362.12万元）认购861507股（即约30%股权）。交易完成后，中兴香港将持有中兴南非约70%的股权，拟引入的黑人股东将持有中兴南非约30%的股权。目前，中兴南非公司正在积极联系并洽谈符合条件且有合作意向的黑人股东。此举反映了中国企业在海外市场的积极拓展及适应当地法规的能力，通过与当地企业和人才的合作，进一步推动中南经济贸易往来发展，这种合作方式有利于提高中国企业在南非的本地化水平，增强社会责任感，实现互利共赢。

（2）发挥行业协会的作用

目前，中国企业在南非各行业之间已经积累了大量的合作经验，建立了诸多专业型协会组织。截至2016年11月底，中国企业在南非已经建立了20多个不同性质、不同类型的行业协会和组织，为中国与南非产能合作牵线搭桥，发挥行业的联动协同效应。

此外，南非也有着许多大型的地区或者城市商会，他们都能为国际投资者提供直接或间接的帮助，比较知名的行业协会有南非工商业联合会（South African Chamber of Commerce and Industry）、德班工商联合会（Durban Chamber of Commerce & Industry）、开普工商联合会（Cape Chamber of Commerce & Industry）、约堡工商联合会（Johannesburg Chamber of Commerce & Industry）等。

（3）员工与管理的本地化

从长远而言，中国企业与南非企业开展产能合作，必须实现员工与管理的本地化，积极与当地企业合作，增加本地化投入。在这方面，中国部分企业已经做出了表率。作为全球领先的信息通信技术供应商，华为通讯集团长期致力于在南非的投资发展。迄今，在南非运营多年，华为已成为该国通信设备领域的主要供应商之一。与南非的主要电信运营商、政府部门以及行业客户展开广泛合作，华为已经成为南非数字经济社会发展的关键战略伙伴。华为高度重视在南非的本地化投资。截至2014年年底，华为南非员工总数达到1028人，其中本地员工占比超过60%。在信息通信技术人才培养方面，华为持续投入资源并积极作出贡献。华为不仅为初创的信息通信技术企业提供运营和技术培训，还通过一系列合作项目培养当地人才，并在南非高校设立长期演讲实验室和研发基金，为全国61座电子图书馆提供平板设备，旨在帮助南非人民提高读写水平。华为还计划用5年时间为南非当地培养1000名信息通信技术人才。

（4）**产品与服务的本地化**

当中国企业与南非本地公司合作时，应将自身定位为本地开发者，以确保公司在产品、服务、管理和项目开发模式方面符合当地化标准。通过与本地团队以联合团队形式共同合作开发，实现分工协作，以应对中南产能合作所面临的挑战。例如，山推南非子公司在其园区举办了2015年第一届开放日活动，向来宾详细介绍了山推与南非"ESI公司"在南非市场的本土化状况，并通过参观园区主机和配件库等方式让参会来宾近距离认识和感受山推产品。

2. 中国—南非产能合作的挑战

(1) 疫情冲击

在 2020 年，新冠疫情突然暴发，并在全球范围内快速传播，给南非带来了严重的冲击。从确诊病例和死亡人数来看，南非在非洲各国中遭受损失最为严重。由于疫情的蔓延，世界各国纷纷实施不同程度的封锁措施，全球的生产链、供应链和价值链受到了巨大的影响。2021 年 6 月 10 日，由于出现连续多日新增新冠确诊病例超过 9000 例，南非国家传染病研究所正式宣布南非进入第三波疫情。由于引发第三波疫情的是毒性和传播性都更强的德尔塔变异毒株，带来的影响也比第一波和第二波更加严重。尽管南非政府在疫情防控方面做出了不懈努力，但新冠疫情给本国经济的打击依然是沉重的。南非统计局 2021 年年初的数据显示，由于经济缩水的同时人口数量稳步上升，南非 2021 年年初的人均生产总值大幅下降至 2005 年水平。拉马福萨称新冠疫情导致 2020 年南非经济收缩 7%、损失 140 万个就业岗位，将南非的失业率推高至 34.4%，成为全球失业率最高的国家之一。为此南非展开大规模基础设施建设，以此为龙头拉动经济，并重点扶持中小型企业，减少政府管理部门程序，用 5000 亿兰特创造了 70 万个就业岗位。

(2) 南非政局动荡

2021年7月8日，因前总统祖马入狱，南非爆发大规模骚乱。据南非媒体7月22日报道，至少212人在这场灾难中丧生，另有数百人受伤。约4万个商店和企业受到骚乱的直接影响，200多座购物中心遭到劫掠、打砸和纵火，200多家银行和邮政设施遭到人为破坏。据估计，这场骚乱对南非造成的经济损失高达500亿兰特（约合222亿元人民币）。除了直接损失，骚乱还对南非的投融资环境和国家形象造成恶劣影响。天达首席经济学家毕晓普表示，预计7月暴乱事件负面影响将持续至明年，8月南非经济回升并不足以抵消此前的负面影响。[1] 同时，南非骚乱过程中，反华仇华情绪蔓延，部分侨胞和中资企业人员在骚乱中遭受严重损失。

(3) 电力能源短缺

南非"电荒"难题由来已久，近年来不时出现断电和限电现象。主要原因在于电力基础设施陈旧，大规模用电很容易导致发电机组宕机。另外，恶劣的气候条件也可能导致发电机组失去功能，而维护和更新所需的资金往往难以及时获得。2019年12月，由于暴

---

[1] 中华人民共和国商务部驻南非大使馆经商处：《预计7月份暴乱事件负面影响将持续至明年》，2021年10月27日，http://za.mofcom.gov.cn/article/jmxw/202110/20211003212263.shtml。

雨和洪水导致电站被淹，南非曾一度减少全国6000兆瓦的电力供应，创下历史最高水平。限电期间，南非居民面临每天至少两次、每次至少两个小时的停电。此外，交通信号灯失灵导致道路拥堵，电信基站停运使移动网络瘫痪，大量医院依靠柴油机自行发电导致卫生部门财政紧张……专家估计，拉闸限电使南非每天遭受10亿兰特的经济损失，预计电力短缺对该国上年第四季度经济增长造成了不利影响。南非"电荒"的深层次原因是南非国家电力公司的债务危机。该公司成立于1923年，目前是非洲最大的发电厂，担负着南非90%以上的电力供应。近年来由于弊案频发、经营不善，该公司债务规模急剧膨胀，背负了4400亿兰特的巨额债务，相当于南非国内生产总值的15%。上年10月下旬，南非议会为该公司紧急拨付了590亿兰特的救助资金。南非国家能源局已同意电力公司提升电价的要求，从2019/2020财年开始，将连续3年将电价分别提升9.41%、8.1%和5.22%。

（4）僵化的劳动法规

自新南非1994年诞生开始，为了营造便利适用的营商法律环境，新南非政府便启动了劳动法制化进程。在随后的近十年间，制定和修改的劳动法律有《劳动关系法》《基本雇佣条件法》《职业健康与安全法》《因公死亡赔偿法》《技能发展法案》《就业公平法》

《失业保险缴费法》《促进平等和预防不公平歧视法》等十余部。另外，还立法转化了许多国际劳工法律。①但劳动法律制度中将劳工行使自由劳动权的条件和门槛设置得非常低，这一制度反而导致劳工将自由劳动权作为提高其社会劳动权标准的手段和方式，激化了劳动立法的先进性与其实施的环境不匹配的矛盾，造成了大量失业和新的不公平。另外，在《劳动关系法》《基本雇佣条件法》和《平等雇佣法》中的有关劳动力的立法和其执行显得过于僵化，不但影响到了广大雇主的正常经营和劳资关系的稳定，而且还严重影响到了整个制造业的就业吸纳能力和南非社会经济效率的提升。②

（5）兰特汇率不稳

南非金融体系成熟，监管严格，但近年来南非兰特汇率波动较大，尤其是近些年，兰特经历了大幅贬值。因此，企业在投资合作过程中需充分考虑当地货币汇率风险。

另外，中南投资合作还面临标准化不同、双方贸易不对称且集中度高、产品结构单一等挑战。中国与南非的进出口贸易结构相对比较单一，中南关系贸易

---

① 黄星永、洪永红：《新南非劳动权制度的嬗变及中资企业的应对》，《湘潭大学学报》（哲学社会科学版）2019 年第 1 期。

② 黄星永、洪永红：《新南非劳动权制度的嬗变及中资企业的应对》，《湘潭大学学报》（哲学社会科学版）2019 年第 1 期。

中，产业间贸易占据主导地位，双方贸易产品的技术含量和附加值较低，南非主要向中国出口资源类产品，而中国则主要向南非出口制造业产品。此外，两国在劳动关系和文化习俗方面存在较大差异，这也为中南投资合作增加了难度。例如，中方对南非贸易政策和劳工法了解得不够彻底，容易出现劳资纠纷。南非法律规定劳工拥有劳动自由权，但是实际上发生纠纷时，这种过度的自由权往往导致雇主处于弱势地位。南非近年来经济发展相对减缓，经济水平无法稳步提高，一定程度上给双方经贸合作带来消极影响，出口优势下降、账户赤字加大。

四　国际资本及产业在南非的情况

（一）国际资本在南非投资的总体形势

作为非洲第二大经济实体，南非在"G20"、金砖国家等重要国际组织中具有显著地位，成为外国投资者在非洲地区的首选，对于跨国投资者来说，进入南非市场意味着打开了通往非洲市场的大门，南非投资环境受到了国际社会的普遍好评，南非贸工部不定期发布《南非投资指南》，介绍南非政治、经济、贸易、投资和南非商法的基本情况。2014—2015年度《南非投资指南》由南非贸工部和德勤会计师事务所联合发布。南非各省的投资促进机构也会不定期更新和发布本省投资指南。2017年9月，贸工部发布首份《投资南非——投资洞察力报告》，宣传介绍对南非的投资和营商环境以及重点引资领域。① 2016年7月，南非总统祖马表示，南非政府致力于减少繁杂的手续，使南非成为营商环境更友好的投资目的地。南非贸工部作为落实该目标的牵头部委，已成立"投资南非"部门，将在本财政年度的第三季度启动全国性的一站式服务，负责提供发放许可证、执照以及注册新企业服务。2017年3月，祖马总统出席南非贸工部投资南非一站式服务中心揭幕仪式。此外，南非财长以及南非商业联盟主席已成立工作组，使得政府和商界能够共同参与，增进双方互信，找出阻碍南非生产率提高和就业增加的症结，商讨如何进一步提高现有管理体系。2018年拉马福萨上台后，提出"千亿美元引资计划"，希望在五年内吸引1000亿美元外资带动本国经济发展，并分别于2018年、2019年11月举办首届和第二届投资峰会，总承诺吸引投资额达500亿美元。②

1. 外资在南非投资的概况

2010年南非的外国直接投资存量达到近30年的最高点，当年为1795.648亿美元，随后便开始持续

---

① 中华人民共和国商务部：《对外投资合作国别（地区）指南——南非（2020年版）》，2020。
② 中华人民共和国商务部：《对外投资合作国别（地区）指南——南非（2020年版）》，2020。

下降。南非的外国直接投资数据在2019年后大幅下降。受到新冠疫情的严重影响，严格的封锁削弱了其整体经济稳定。南非的国内生产总值增速在2020年第二季度暴跌至-51.7%，但在第三季度实现了66.1%的大幅复苏。这一复苏得益于制造业和采矿业，疫情管制放松使得金属、石油、汽车和饮料的产量都有所增加。尽管如此，南非2020年年底的经济规模比2019年缩减了5.8%。根据联合国贸易和发展会议2020年世界投资报告显示，当年南非的外国资本流入下降了15.1%。但南非仍然是非洲第二大吸引外国直接投资的发展中经济体，仅次于埃及。此外，2020年外资流入南非的数量仍大大高于2015—2017年的年流入量，后者的年平均流入量约为20亿美元。近年来南非的主要外国投资来源国发生了显著变化，中国变得更加突出，欧洲国家的地位有所下降。

图4-1反映了南非国外投资存量在1990—2020年的变化趋势，可以看出近十年南非吸引外资的存量相对来说增长缓慢，特别是与撒哈拉以南非洲整体吸引外资的增长势头相比较为平稳，撒哈拉以南非洲吸引投资的引领作用不再明显。图4-2反映了2003—2020年南非吸引海外绿地投资的变化情况。南非吸引海外绿地投资的规模在总体吸引外资中占的比例并不

大，反映出南非海外绿地投资环境的不稳定。图4-3反映了1990—2020年南非外资并购的数额变化，可以看出南非外资并购的波动较为剧烈。

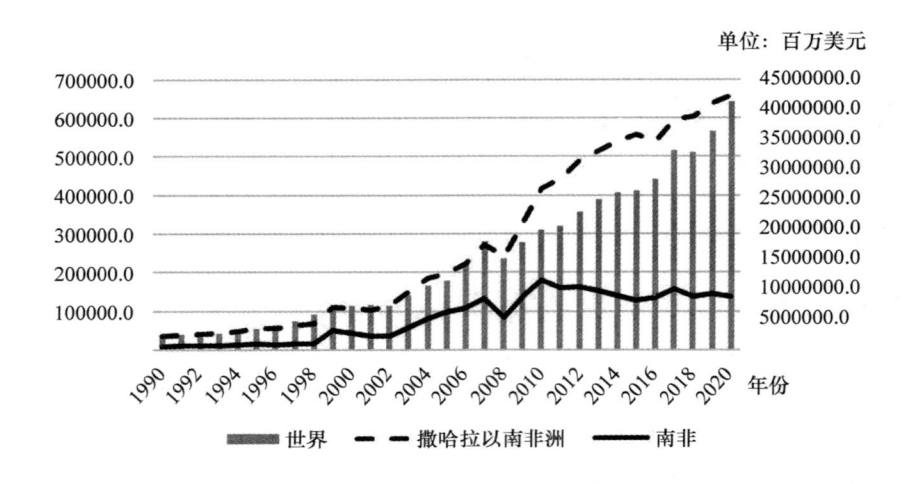

图4-1　1990—2019年南非国外直接投资存量变化示意

数据来源：联合国贸易和发展会议：《2019世界投资报告》，联合国贸易和发展会议印发的联合国出版物，2019。

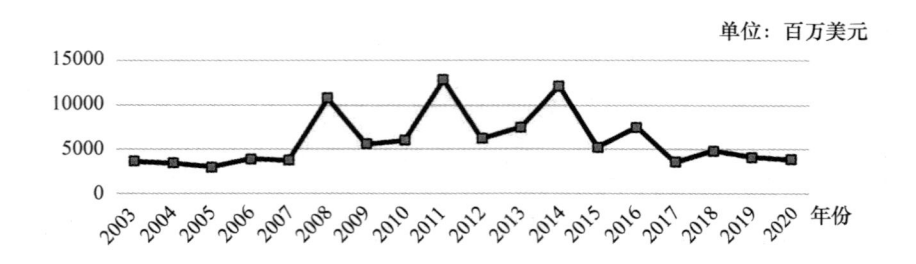

图4-2　2003—2020年南非吸引海外绿地投资额变化示意

数据来源：联合国贸易和发展会议：《2019世界投资报告》，联合国贸易和发展会议印发的联合国出版物，2019。

单位：百万美元

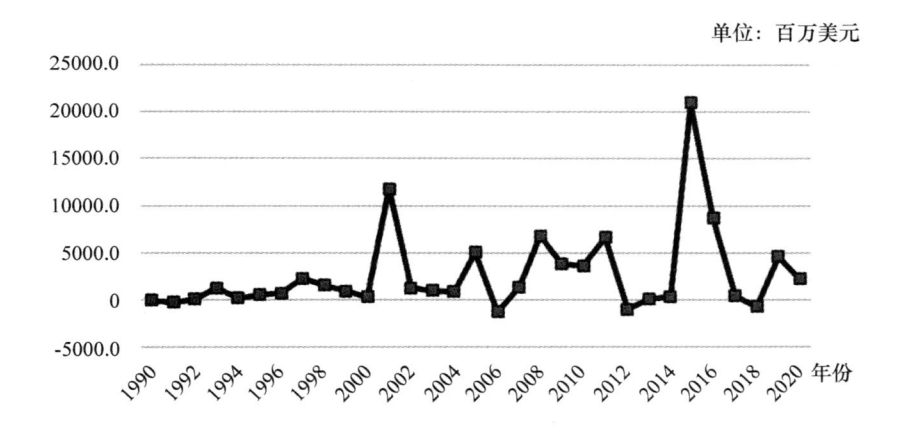

图 4-3　1990—2020 年南非外资并购额变化示意

数据来源：联合国贸易和发展会议：《2019 世界投资报告》，联合国贸易和发展会议印发的联合国出版物，2019。

从对南非吸引国际投资的资金来源国来看，2019年各国对南非直接投资存量的占比排名从高到低分别是，英国占31.33%，荷兰占17.64%，比利时占10.97%，日本占6.05%，美国占6.05%，中国占4.88%，德国占4.48%，其他各国共占18.61%（各国对南非直接投资存量占比见图4-4）。近年来中国对南非投资的数额增长较为明显，但欧洲国家尤其是英国、荷兰等仍然是国际资本在南非投资存量的主要来源国。

从国际资本对南非投资的行业分布来看。2019年外国在南非投资存量的占比为：农林牧渔业1.405亿美元，占比为0.10%；采矿业350.3869亿美元，占比为24.85%；制造业233.7985亿美元，占比为

16.58%；批发零售业83.6119亿美元，占比为5.93%；交通运输及仓储业131.6524亿美元，占比为9.34%；金融和保险业588.8627亿美元，占比为41.76%；其他服务业16.1858亿美元，占比为1.15%。（各行业占比见图4-5）

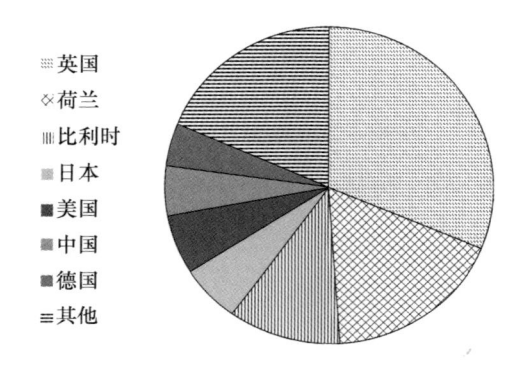

图4-4　2019年外国在南非投资存量占比示意

数据来源：作者对国际贸易中心（International Trade Centre）相关数据整理后绘制。

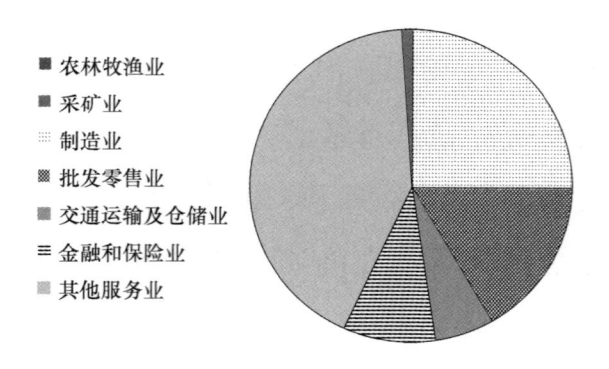

图4-5　2019年外国在南非投资存量行业占比示意

数据来源：作者对国际贸易中心（International Trade Centre）相关数据整理后绘制。

2. 南非的外资优惠政策

(1) 小型企业发展机构科技计划（Seda Technology Programme）

该计划旨在刺激经济增长、促进科技创新发展并向小企业提供技术支持。针对小型企业，该项目提供盈利和非盈利技术转让、企业孵化和品质支援服务。该计划为小型企业进行技术转让方面提供广泛的服务。尤其是被定义为第二经济的企业。第二经济是指处于边缘化状态（注册和未注册的），并满足以下全部或大部分条件的小型企业：已获得资金；已获得市场；商业运作技巧受限；专有技术受限；已获得了适当的技术。

该扶持计划有两个目标：一是对小型企业提供技术转让服务，二是对女性所有权超过50%的企业提供特定的技术支援。实现扶持计划的方式为针对每个项目提供最高60万兰特的非偿还性财政补助，以保障小型企业能够顺利获得有效的新技术。

申请补助资金的限制条件：设计、规划、材料和方法的转让，包括设计改进和优化；专有技术、知识、技能和专业知识的转让，包括培训和指导技术转让；直接对产品和工艺技术的转让，包括设计、设备、系统、机械和工具；操作和维护设备、系统和机械所需的专有技术、知识、技能和专业知识，包括与正在转让的技术有关的培训和指导；技术专家的人力成本不超过总批准补助金额的20%；知识产权例如许可协议的支付以及专业知识的转让支付可使用补助资金支付；与技术转让交易相关的旅游和生活费用的支付需求，须经评审团实现核准；关于技术的谈判、协议和转让的法律及专家咨询费用；商业培训、发展和指导；一般商业服务例如设备、机械，工具或过程用来检查、维修，以及特殊设备、机械及过程以用于制造业、矿业及农产品加工企业。以某种形式或其他方式支持或援助。

（2）技能支持计划（Skills Support Program）

为激励企业加强员工培训投入，吸引各类所需技能人才来南非，南非政府为在当地运营的本土和外国公司提供部分职工技能培训费用补贴。适用的行业包括"中小企业发展计划"涵盖的所有领域。这一激励措施仅限于新项目建设或现有的扩建阶段，同时，培训方案需要提前获得批准。该项目通过多个补助方案来刺激资本投入技能培训领域。例如，技能发展现金补助（Skills Development Cash Grant）。南非政府规定，在项目投产后的前3年里，新雇佣员工的培训费用可获得政府50%的补助，但补助总金额不得超过公司工资总额的30%。这部分补助被称为技能发展现金补助。此外，还有员工学习计划发展补助（Learning Program Development Grant），每个项目最高可获得300万兰特的补助。同时，针对与技能培训相关的资本投入提供补助（Capital Grant），基于机械、设备和设施的价值，每个项目最高可获得600万兰特的补助。南非允许每个企业享受这一技能支持计划长达3年，有关补助的申请需按季度进行，申请时以上一个季度实际产生的费用为基础进行计算。

（3）外国投资补贴（Foreign Investment Grant）

为了鼓励外国投资者对制造业进行投资，南非政府推出了一项补贴政策。根据该政策，政府将对实际运输费用与机器设备价值15%中较低的一项费用提供现金补助，单个项目的补助金额最高不超过1000万兰特。此补贴旨在支持将机器设备（不包括车辆）从国外运输至南非的相关费用。适用于该补贴的外国投资者需在所投资公司中持有50%以上的股份，且不包括来自南部非洲关税同盟和南部非洲发展共同体的投资者。二手设备在经贸工部鉴定为最新技术时，亦可享受。

（4）产业政策项目计划（Industrial Policy Projects）

为了吸引本土与国际投资者，南非政府推出了一项总额达200亿兰特的激励计划，以减轻大型项目的所得税负担。该计划旨在资助以下类别的项目：采用创新工艺流程或新技术提高能源效率的清洁生产技术项目；提升环境保护水平的项目；与中小企业和微型企业建立业务联系，从而获取商品和服务的项目；创造直接就业机会的项目；以及促进技能发展或位于经济发展区的项目。负责监管该计划的主管部门是南非贸工部。

（5）汽车投资计划（Automotive Investment Scheme）

由贸工部主管的这一计划致力于推动南非汽车产业的发展，针对汽车行业的新投资以及对现有生产线进行升级改造，以提高汽车生产能力、稳定就业，并加强汽车产业链的发展。项目申请条件包括：年产量达到5万辆汽车，或者能在三年内实现年产量5万辆小汽车的制造商；汽车制造商需实现全年生产总营业额的25%本地化，或为本地汽车上下游产业创造不少于1000万兰特的本地化产值等。该计划为符合条件的项目提供总投资额的25%现金返还，对于对当地汽车产业发展作出突出贡献的项目，还可获得额外的5%—10%现金返还。

（6）基本项目可行性计划（Capital Projects Feasibility Programme）

该计划对凡是可能吸引项目来南非和增加本地产品和服务出口的项目可行性研究成本进行分担。该计划能给南非带来高经济附加值；吸引大量外国投资；

提升南非资本货物产业和相关产业国际竞争力；创造稳定的就业；为南非货物和服务创造长期需求；加快南非和南部非洲共同市场项目进展；加强与上下游中小企业和黑人企业联系。该计划的申请条件为贸工部将对满足南非相关法律要求的项目可行性研究进行审查。该计划对南非以外项目分担最高50%可行性研究费用，南非境内项目为55%，补贴最高不超过税前800万兰特。

（7）关键基础设施项目（Critical Infrastructure Programme）

该项目旨在对关键基础设施项目建设提供支持，提升私人投资和促进特定公共领域投资以为私人投资者创造更好投资环境。申请资格要求为在南非合法注册的实体（包括公司、个人投资者和合作企业）。该项目基于经济效益评分标准，对基础设施建设的总支出提供10%—30%的补助，单个项目的补助上限为3000万兰特。

（8）出口市场和投资支持计划（Export Marketing and Investment Assistance Scheme）

此计划旨在鼓励南非出口商拓展出口市场并吸引国际投资。为实现这一目标，政府将提供部分资助，包括旅行开支、日常生活费用、指定活动的样品运输费、特定活动的市场推广材料费用、展位租赁以及设计和安装费用，以及宣传资料制作费用的补贴。

（9）就业基金（Jobs Fund）

如公共和私人部门创造大量就业，将提供财政支持。适用范围：私人部门、非政府组织、政府部门和地方政府，发现经济发展潜力，可以持续创造就业。

（10）制造业投资计划（Manufacturing Investment Programme）

此计划由贸工部管理，旨在激励本地及外国资本进行新建或扩建项目，投资生产性资产，例如：工厂、设备、购置或租赁土地和建筑物以及商用车辆。企业有望获得投资成本10%—30%的税收优惠，但优惠金额不得超过3000万兰特。

（11）商业服务激励计划（Business Process Services Incentive）

此方案的宗旨在于吸引来自本地和国外的投资者参与商务服务领域，借助向境外客户提供商务服务，从而促进就业岗位的增加。对于非复杂性工作，创造离岸就业岗位达400—800人，5年内最高共补贴12.8万兰特；如创造就业岗位超过800人，还可申请额外补助。对于复杂性工作，创造离岸就业岗位达200—400人，5年内最高共补贴16万兰特。如创造就业岗位超过400人，也可申请额外补助。

（二）国际资本在南非投资的重点行业

1. 装备制造业

制造业包括装备制造业和最终消费品制造业。装备制造业泛指为国民经济的简单复产和扩大复产提供生产技术装备的各类工业。南非的制造业主要涵盖金属制品、化学品、交通设备制造等领域，这些都属于装备制造业范畴。在这些领域中，冶金及机械产业作为南非制造业的基石，包括六家大型钢铁联合公司和超过130家钢铁企业。此外，南非的有色金属工业涉及铝业以及其他有色金属产业（如铜、黄铜、铅、锌和锡），其中铝业规模最大。南非在2019年制造业总产值约2261亿兰特，约占国内生产总值的12.2%。其中，钢铁、有色金属、金属制品、机械产品增长9.4%，机动车、零部件及其他运输设备上涨18.6%，石油、化工、橡胶和塑料产品上涨1.7%。这一领域的重点企业有南非钢铁工业有限公司和南非国家电力公司。南非钢铁工业有限公司是南非最大的钢铁厂，能满足南非所需碳素钢的75%。南非国家电力公司是世界上第七大电力生产和第九大电力销售企业，拥有世界上最大的干冷发电站，供应南非95%和全非60%的用电量。自2010年起，南非政府实施了新的产业政策行动计划，旨在改变经济增长方式，提高制造业的竞争力，同时积极发展经济特区和工业园区。得益于比利顿集团（Billiton）和胡立特（Hulett）铝业不断扩大规模和加速现代化改革，南非在全球铝业竞争中保持了领先地位。尽管南非其他有色金属产业相对规模较小，但它们在创造外汇收入方面依然发挥着关键作用。伴随产业结构更趋合理化，整个行业总体来说会更加稳固，在平稳发展中得以向海外扩张。①

2. 汽车行业

南非位居世界汽车工业大国行列，汽车生产量在非洲地区位列第一，是全球汽车及零部件制造和进出口主要国家之一。南非市场的汽车类型主要有一般轿车、轻型商业用车、中型商业用车和重型商业用车4种，其中一般轿车是销售市场的主流。南非有大约200家汽车零件制造商和超过150家非独家的制造商，集中在东开普省和豪登省。南非拥有大约1374家特许经营权的新车经销商约1696个二手车辆销售点、约292家汽车零部件制造商、1508家轮胎经销商和轮胎维修部门、167家车身制造商、2907家零件经销商以及约220家农用车辆和设备供应商。全球最大10家汽车零配件供应商中的8

---

① 中国国际贸易促进委员会：《企业对外投资国别（地区）营商环境指南——南非（2020）》，2020。

家，以及世界4大轮胎制造商中的3家都已在南非投资从事零配件的生产。全球主要汽车制造商均已在南非建立了独资或控股企业，进行车辆生产和组装。宝马汽车、福特汽车、大众汽车、戴姆勒—克莱斯勒汽车、通用汽车、丰田汽车、中国一汽集团以及北汽集团均在南非建立生产基地，每年生产的汽车总量达到50万—70万辆。南非汽车市场上的中国品牌有吉利、奇瑞、长城、吉奥、长安、东风汽车、中顺、江铃等。行业发展潜力方面，作为南非第二大产业，汽车产业成为最大的制造业领域，其产值在国内生产总值中占比达到7.5%，在制造业产出中占30%以及在出口产品中占10%。由于汽车工业发达，南非还被誉为"非洲底特律"。2019年，南非政府制定了南非汽车总体规划，目标是到2035年将当地汽车的含量从目前的39%提高到60%，实现全球总产量的1%。该行业的总就业人数增加一倍，达到24万人，实现整个价值链的行业转型，以及精选商品的增值加深，这将有助于该行业在预测期内增长。[①]

3. 纺织服装业

南非纺织服装市场规模居非洲首位，占南非零售

[①] 中国国际贸易促进委员会：《企业对外投资国别（地区）营商环境指南——南非（2020）》，2020。

业总收入的21%。南非发展纺织服装行业原料较充足，目前有超过19000公顷的灌溉土地在种植棉花作物，以支持纺织业发展。进出口贸易方面，中国是其最大进口来源国，主要出口市场为非洲、欧盟。南非前五大服装企业为"Edcon"（南非服装制造商）、"Foschini"（南非最大的批发服装供应商之一）、"Truworths"（南非零售业的顶级服装品牌）、"Woolworths"（南非顶级服装品牌和南非最大的服装制造商）、"Mr. Price"（南非和非洲领先的批发服装供应商）。中国在南非投资的纺织服装加工企业约15家，主要分布在约翰内斯堡地区和各省的工业园中。其中司卖脱服饰有限公司和海德制衣有限公司规模较大，主要生产衬衫、T恤衫、休闲时装以及夹克衫等。行业发展潜力方面，南非为鼓励纺织服装业发展出台了有利的税收政策和有竞争力的工资政策，将有助于行业内提供更多产品和服务。随着南非居民收入水平的不断提高，纺织服装业有望开发出新的市场机会。[1]

4. 矿业

矿业是南非国民经济的支柱产业之一。2019年南非矿业总产值约2261亿兰特，约占国内生产总值

---

[1] 中国国际贸易促进委员会：《企业对外投资国别（地区）营商环境指南——南非（2020）》，2020。

7.2%，出口占南非出口总额的30%。南非拥有世界上最大的铬矿、钒矿、红柱石和锰矿石储量。铂金、黄金、煤炭出口分列全球第二、三、六位。南非采矿机械、选矿技术设备、矿井通信和安全保障技术、矿产品冶炼和加工技术均名列世界前茅。

从行业发展前景来看，依据南非现有已探明的主要矿产资源储量以及每年的产出，可以估算出煤炭最少还能维持34.6年的生产，黄金至少还有40年的开采期限，而铂金至少还可以持续生产450年。因此，矿业仍将是南非朝阳产业，在中短期内还可维持现有的生产规模。[①]

5. 可再生能源

南非是非洲最具影响力的国家，也是全球最大的温室气体排放国之一。富煤炭、少油气、缺水能的能源禀赋使南非长期以来保持着以煤炭为主的能源结构，煤炭占一次能源消费和电力生产的比重分别达到70%和86%。随着全球气候变化形势愈加严峻以及本国优质煤炭资源日趋紧张，南非近年来开始积极推进低碳能源转型，发展以太阳能和风能为主的可再生能源成为最重要的措施之一。可再生能源独立发电商采购项

---

① 中国国际贸易促进委员会：《企业对外投资国别（地区）营商环境指南——南非（2020）》，2020。

目（以下简称"REIPPPP"）是南非推进可再生能源开发的主要方式，项目采取公开招标方式引入私人资本，推动潜在项目开发。自2011年11月实施以来，"REIPPPP"已经完成了四轮共五期招标，累计引入92个可再生能源项目，新增装机容量6328兆瓦。凭借优越的资源禀赋，通过"REIPPPP"招标推动可再生能源开发，已经成为南非能源转型的国家共识和必由之路。①

---

① 周立志：《南非可再生能源发展现状及中国企业投资建议》，《中外能源》2021年第8期。

五　助推中国—南非产能合作的总体构想及政策建议

（一）对中国—南非产能合作的总体考虑和风险评估

1. 南非整体投融资环境具有吸引力

根据世界银行发布的《2020年营商环境报告》，南非的营商便利性在全球190个经济体中居第84位，相较于2019年下滑了两个名次。2021年12月1日，大公国际公布的南非投资环境评估追踪报告指出，与2020年相比，2021年南非的基础环境和效率环境略有减弱。大公国际表示，一方面，疫情引发的经济衰退令南非的经济环境从"中等"降至"较差"，金融稳定性也略有减弱，但依然处于"优秀"水平；另一方面，2021年上半年南非抗议活动和高失业率加剧了社会不安风险，导致社会环境略有恶化，但依然保持"中等"水平。同时，南非政府在应对疫情和重振经济方面表现出积极态度，全球大宗商品价格回升也有助于南非经济的复苏。大公国际预测，南非未来的投资环境将得到改善。在投资领域，大公国际重点推荐矿业、农业及农产品加工、绿色能源及数字经济四大行业。作为南非经济支柱之一的采矿业在世界上拥有领先技术，部分贵金属储量在南非占世界已探明矿产的80%。南非矿业在跟踪期内表现出明显复苏，但需注意南非第三版《矿业宪章》关于提高矿业公司向弱势群体转让股权比例的相关规定。南非多样的气候和地质条件有利于农业和农产品加工业的发展，许多大型跨国公司已在南非布局并增加农产品供应。然而，开展农业生产时需警惕旱灾、洪涝等自然灾害的影响。鉴于煤炭发电仍是南非主要的电力来源，南非政府高度重视并大力推动绿色能源发展。南非具备丰富的潮汐能、风能和太阳能资源，为绿色能源开发提供了自然条件。疫情影响下，南非大量商业活动从线下转向线上，但与发达国家相比，南非的通信技术尚有发展空间。南非政府鼓励资本投入流程外包、信息技术服务和金融科技等领域，预示着南非数字经济未来具有巨大的投资潜力。

报告强调，2021年南非的基础设施和效率环境总体保持在"良好"的水平。尽管南非政局整体稳定，政策连贯性较高，但在疫情防控、平息国内骚乱和恢复经济增长等方面仍面临一定挑战。在社会环境方面，南非人口年轻化，教育公平状况得到改善，但社会安全问题依然突出。在经济环境方面，南非矿产资源丰富，制造业较为发达。然而，在追踪期间，疫情加重了国内骚乱，导致经济衰退，并伴随着高失业率等问题。在基础设施环境方面，南非交通系统现代化，通信网络基本实现数字化。当前，南非正面临电力供应紧张和电力基础设施维护不足等挑战。在法律与监管环境方面，南非在投资和环保领域拥有较完善的法律体系。然而，目前尚未建立专门的投资法典。

在营商便利性方面，南非在保护投资者权益和纳税环节表现优秀，同时优化营商环境也成为南非政府的关键发展策略。在商品市场方面，南非税收体系较为完善，税种设置合理。在追踪期内，政府实行税收减免并暂停提高平均关税，但同时水、电、气价格上涨较快。在劳动力市场方面，南非拥有丰富的劳动力资源和较低的劳动力成本，但仍存在劳动力市场供需不平衡和劳动力素质较低的问题。此外，失业率和青年失业率上升导致了国内大规模罢工。在金融环境方面，南非金融业发达且监管严格，拥有非洲最完善的资本市场。在疫情缓解后，南非金融业实现了较快的复苏，显示出强大的韧性。

2. 南非为优化投资环境付出努力

近年来，南非推出一系列优化营商环境相关举措：一是完善投资相关法律。2011年，南非《公司法》正式生效，其对公司的成立、注册、组织和管理、营利公司的资本化以及在南非境内开展业务的外国公司办事处注册等做出较为详细的规定，方便投资者依法开展经营。2015年，南非出台了《投资促进与保护法案》，该法案于2018年正式生效，旨在保护外国投资者利益，给予其与本国投资者相同权利，享受国民待遇。

二是简化审批程序。为打造更有利于外商投资的营商环境，吸引外国投资，2017年3月，南非贸工部成立投资南非"一站式"服务机构，简化了以往繁杂的官方申报审批程序。投资者可以通过"一站式"服务机构，与相关监管、注册登记和执照许可部门等协调联系，获得从许可证到水电供应、从税务到执照办理等全面服务。

三是打造创新孵化器。为激励南非中小企业创新和发展，南非科技部、南非贸工部与欧盟共同推出了"Godisa创新孵化器项目"。该项目主要关注生物技术、生命科学、医疗器械、软件、精细化学、小型矿业及出口水培鲜切花等技术领域的支持和发展。作为"Godisa 创新孵化器项目"的配套措施,"Tshumisano 技术站信托基金"是由南非科技部、南非理工学院院长委员会和德国技术合作署三方合作创建的合作信托基金,旨在为中小企业提供技能培训和相关支持服务。

3. 非洲大陆自贸区建设为中南产能合作带来新机遇

近年来,随着中产阶级的兴起,汽车、计算机及电子产品、汽车配件、服装和时尚配饰、手机等成为非洲消费市场的宠儿。囿于非洲落后的制造能力,当地民众只能通过大规模进口满足需求。随着"AfCFTA"的实施,非洲统一大市场的建立有望催生一大批立足非洲本土市场的企业。但自贸区内实现贸易便利化是一个缓慢的过程,吸引国际资本进行产业布局形成规模产能也需要时间。因此,"AfCFTA"的实施难以产生立竿见影的效果,而将随着时间推移彰显其生命力。南非作为非洲重要的制造业大国,中南产能合作能够为中非带来实实在在的利益。南非是非洲大陆最现代化的国家,其先进的金融和商贸体系对整个非洲产生着深远影响。作为非洲经济的驱动力,南非有望在非洲自贸区中获得最大利好。中国作为南非的关键贸易伙伴,近年来在南非市场的份额持续增长,得益于南非是中国的全面战略伙伴、金砖国家成员以及"一带一路"共建国家,双方将在各个领域进一步扩大和深化经贸合作。

(二)可纳入中国—南非产能合作的重点领域和具体项目

随着中南两国经贸交流不断深化,双方在产能合作方面已取得实质性进展。目前,交通运输、装备制造、资源开采、信息通信、工程承包、农产品加工、新能源、金融等行业已成为中国与南非开展产能合作的重点行业,在上述行业领域,中国与南非相关产能合作项目正在分类实施,有序推进。[①] 未来,中南产能合作应在既有合作的基础上,不断提升合作的质量和水平。

1. 交通运输类行业

在交通运输领域,一些中国大型企业在南非设立了分公司,包括江铃汽车南非公司、长城汽车南非有限公司、北汽集团南非汽车公司、一汽车辆制造南非有限公司、中国北方车辆有限公司南非公司、中航国际南非代表处、国航南非代表处、中国海运(非洲)控股有限公司等。见表5-1。

[①] 黄玉沛:《中国—南非产能合作的行业分布和经验》,《中国投资》2017年第8期。

表 5–1　　　　　　中国在南非交通运输类大型企业

序号	企业名称	企业性质	经营范围
1	江铃汽车南非公司	国有企业	汽车销售与服务
2	长城汽车南非有限公司	民营企业	汽车销售与服务
3	北汽集团南非汽车公司	国有企业	汽车销售与服务
4	一汽车辆制造南非有限公司	国有企业	汽车销售与服务
5	长城汽车南非公司（被收购）	国有企业	汽车销售与服务
6	北汽福田南非子公司	国有企业	中重型卡车销售与服务
7	中国南车集团公司	国有企业	电力和内燃机车销售与服务
8	中国北方车辆有限公司南非公司	国有企业	电力和内燃机车销售与服务
9	中国北方机车车辆工业集团公司	国有企业	电力和内燃机车销售与服务
10	中航国际南非代表处	国有企业	航空装备销售与服务
11	国航南非代表处	国有企业	航空装备销售与服务
12	中国海运（非洲）控股有限公司	国有企业	班轮运输业务、物流服务供应商
13	中国海运（非洲）公司	国有企业	集装箱进出口、海运物流
14	中国船舶工业贸易公司	国有企业	民用船舶及配套研发生产

数据来源：作者根据商务部国际贸易经济合作研究院、商务部投资促进事务局、中华人民共和国驻南非共和国大使馆经济商务处以及表格中所述企业官网等多方资料来源统计得出。

2. 装备制造类行业

在装备制造领域，中国在南非的大型企业主要有三一南非子公司、山推南非子公司、中国柳工机械南非子公司、中国一拖南非子公司。见表 5–2。

表 5-2　　　　　　　　中国在南非装备制造类大型企业

序号	企业名称	企业性质	经营范围
1	三一南非子公司	民营企业	工程机械设备
2	山推南非子公司	国有企业	工程机械设备
3	中国柳工机械南非子公司	国有企业	工程机械设备
4	中国一拖南非子公司	国有企业	工程机械设备
5	南非海信发展股份有限公司	国有企业	冰箱、电视等家电销售
6	上海广电集团南非公司	国有企业	家用电器销售与服务
7	通用技术南非（集团）有限公司	国有企业	技术装备引进服务商
8	辽宁聚龙南非公司	民营企业	金融机具研发、生产和销售
9	冀东发展集团南非项目	民营企业	水泥熟料生产
10	中材建设有限公司	国有企业	大中型新型干法水泥生产
11	全利通国际贸易有限公司	民营企业	塑胶管道生产与销售
12	瑞雅工业有限公司	民营企业	瓷砖生产与销售
13	金轮集团股份有限公司	民营企业	不锈钢管、焊管生产与销售

数据来源：作者根据商务部国际贸易经济合作研究院、商务部投资促进事务局、中华人民共和国驻南非共和国大使馆经济商务处以及表格中所述企业官网等多方资料来源统计得出。

3. 资源类行业

在资源领域，众多中国大型企业在南非设立分支机构，包括白银有色集团股份有限公司第一黄金公司、金川集团南非梅特瑞斯金森达铜业公司、中钢南非有限公司、云南文山斗南锰业股份有限公司、酒钢集团投资南非铬铁项目、中国五矿集团有限公司、五矿

（南非）第一铬业有限公司、广西大锰南非 PMG 矿业有限公司、河北钢铁集团南非项目、中色国贸南非有限公司以及中国北方工业有限公司等。这些企业的存在不仅加强了中南双方在资源领域的合作，也为双边经贸关系提供了更多发展机遇。见表 5-3。

表 5-3　　　　　　　　中国在南非资源类大型企业

序号	名称	企业性质	经营范围
1	白银有色集团股份有限公司第一黄金公司	国有企业	金属及非金属资源开发
2	金川集团南非梅特瑞斯金森达铜业公司	国有企业	有色冶金、化工
3	中钢南非有限公司	国有企业	铬矿、铬铁的生产
4	云南文山斗南锰业股份有限公司	国有企业	黑色金属矿采选
5	酒钢集团投资南非铬铁项目	国有企业	铬铁合金项目
6	中国五矿集团有限公司	国有企业	矿产品开发与生产
7	五矿（南非）第一铬业有限公司	国有企业	铬矿、铬铁的生产
8	广西大锰南非 PMG 矿业有限公司	民营企业	矿山开采、选矿
9	宝钢集团子公司阿奎拉钢铁	国有企业	钢铁生产与销售
10	河北钢铁集团南非项目	国有企业	钢铁生产与销售
11	中色国贸南非有限公司	国有企业	有色金属开采
12	中国北方工业有限公司	国有企业	矿产勘探、开发与生产
13	华北有色工程勘察院有限公司	国有企业	矿产勘探、开发与生产

数据来源：作者根据商务部国际贸易经济合作研究院、商务部投资促进事务局、中华人民共和国驻南非共和国大使馆经济商务处以及表格中所述企业官网等多方资料来源统计得出。

4. 通信类行业

在通信领域，中国在南非的大型企业主要有中兴通讯股份有限公司、华为南非创新中心、中国电信集团公司、中国联通南非公司等。见表5-4。

表5-4　　　　　　中国在南非通信类大型企业

序号	企业名称	企业性质	经营范围
1	中兴通讯股份有限公司	国有企业	信息与通信技术
2	华为南非创新中心	民营企业	信息与通信技术
3	中国电信集团公司	国有企业	通信基础设施的投资和运营
4	中国联通南非公司	国有企业	通信基础设施的投资和运营

数据来源：作者根据商务部国际贸易经济合作研究院、商务部投资促进事务局、中华人民共和国驻南非共和国大使馆经济商务处以及表格中所述企业官网等多方资料来源统计得出。

5. 工程承包类行业

在工程承包领域，中国在南非的大型企业主要有中国港湾工程有限责任公司、中铁建中非建设有限公司、中国海外工程有限责任公司、中国水利水电第八工程局有限公司、中铁国际集团南非投资公司、国家电网公司驻非洲办事处、南非亚洲电缆有限公司等。见表5-5。

表 5-5　　　　　　　中国在南非工程承包类大型企业

序号	企业名称	企业性质	经营范围
1	中国港湾工程有限责任公司	国有企业	水坝、水力发电
2	中铁建中非建设有限公司	国有企业	工程承包、房产开发、铁路运营
3	中国海外工程有限责任公司	国有企业	工程承包、基建物资
4	中国水利水电第八工程局有限公司	国有企业	水利水电开发
5	中铁国际集团南非投资公司	国有企业	房地产开发
6	国家电网公司驻非洲办事处	国有企业	电网运营与服务
7	南非亚洲电缆有限公司	国有企业	电缆运营与服务
8	上海证大集团南非项目	民营企业	房地产开发

数据来源：作者根据商务部国际贸易经济合作研究院、商务部投资促进事务局、中华人民共和国驻南非共和国大使馆经济商务处以及表格中所述企业官网等多方资料来源统计得出。

6. 农产品加工类行业

在农产品加工领域，中国在南非的大型企业主要有中国农业发展集团、青岛益佳国际贸易集团有限公司、新希望集团有限公司、天士力控股集团有限公司等。见表 5-6。

表 5-6　　　　　　中国在南非农产品加工类大型企业

序号	企业名称	企业性质	经营范围
1	新希望集团有限公司	民营企业	生产销售饲料、饲料添加剂
2	天士力控股集团有限公司	民营企业	中医药治疗、药店运营
3	隆力奇南非分公司	民营企业	日化产品、养生保健品

续表

序号	企业名称	企业性质	经营范围
4	青岛益佳国际贸易集团有限公司	民营企业	副食品、工艺品、粮油食品
5	中国农业发展集团	国有企业	淡水养殖、农业技术推广
6	瑞星集团股份有限公司	民营企业	肥料生产与销售
7	淄博天利毛纺织有限公司	民营企业	毛纺生产

数据来源：作者根据商务部国际贸易经济合作研究院、商务部投资促进事务局、中华人民共和国驻南非共和国大使馆经济商务处以及表格中所述企业官网等多方资料来源统计得出。

7. 新能源类行业

在新能源领域，中国在南非的大型企业主要有金风科技股份有限公司南非项目、广东核电集团南非核电项目、广东保威新能源有限公司南非分公司、龙源

表5-7　　　　　中国在南非新能源类大型企业

序号	企业名称	企业性质	经营范围
1	金风科技股份有限公司南非项目	民营企业	风电项目开发与运营
2	广东核电集团南非核电项目	国有企业	核电项目开发与运营
3	广东保威新能源有限公司南非分公司	民营企业	太阳能项目开发与运营
4	龙源电力集团股份有限公司南非德阿风电项目	国有企业	风电项目开发与运营
5	国电联合动力技术有限公司南非项目	民营企业	太阳能项目开发与运营

数据来源：作者根据商务部国际贸易经济合作研究院、商务部投资促进事务局、中华人民共和国驻南非共和国大使馆经济商务处以及表格中所述企业官网等多方资料来源统计得出。

电力集团股份有限公司南非德阿风电项目、国电联合动力技术有限公司南非项目等,这类公司在南非主要经营风力发电、太阳能项目开发与运营、核电项目开发与运营等。见表5-7。

8. 金融类行业

中国与南非产能合作离不开金融部门的大力支持。在金融领域,多家中国国有银行将其非洲分支设立在南非的约翰内斯堡,从而为整个非洲金融业务提供基础。目前,在南非的主要中国大型企业包括中国银联股份有限公司、中国进出口银行股份有限公司东南非代表处、中非发展基金驻非洲国家代表处、中国银行约翰内斯堡分行、中国工商银行股份有限公司非洲代表处、中国建设银行约翰内斯堡分行、中联重科股份有限公司南非子公司等。这些金融机构为中南双方产能合作提供了有力的资金支持。见表5-8。

表5-8　　　　　　中国在南非金融类大型企业

序号	企业名称	企业性质	经营范围
1	中国银联股份有限公司	国有企业	银行卡资讯与服务
2	中国进出口银行股份有限公司东南非代表处	国有企业	政策性融资
3	中非发展基金驻非洲国家代表处	国有企业	政策性融资
4	中国银行约翰内斯堡分行	国有企业	商业投资、金融服务等

续表

序号	企业名称	企业性质	经营范围
5	中国工商银行股份有限公司非洲代表处	国有企业	商业投资、金融服务等
6	中国建设银行约翰内斯堡分行	国有企业	商业投资、金融服务等
7	中联重科股份有限公司南非子公司	国有企业	金融服务平台

数据来源：作者根据商务部国际贸易经济合作研究院、商务部投资促进事务局、中华人民共和国驻南非共和国大使馆经济商务处以及表格中所述企业官网等多方资料来源统计得出。

上述 8 个领域是当前中非产能合作的热点领域，也是助推南非及非洲经济发展的重点领域。新冠疫情大流行，让南非愈发意识到本国发展数字经济的能力以及潜力。南非通信与数字技术部近日发布了《国家数据和云政策草案》，希望未来打造一个"数据密集和数据驱动的南非"。总统拉马福萨对南非大力发展数字经济寄予厚望。中国拥有全球范围内领先的数字生产力，是中非数字经济合作的主要推动因素。中国信息通信研究院研究员张泰伦指出，中国有先进的数字基础设施能力，可高效赋能和支撑非洲数字基础设施发展；中国有以各种新业态为代表的发达的数字经济，为推动非洲数字技术和实体经济融合发展提供要素支持。中国强大的数字生产力供给和非洲强烈的数字化发展需求高度吻合。在数字基建方面，据大西洋理事会统计，华为和中兴通讯共同建设了非洲近乎 80% 的 3G 网络基础设施；非洲70%的4G网络由华为投资建设。在数字技术应用方面，得益于中国公司面向非洲搭建的电商平台和提供的移动支付技术、智能手机设备，非洲正构筑起电商生态系统。在数字技术人才培养方面，华为在非洲建立了培训中心，实施"未来种子"项目培养信息通信技术人才等。2021年8月，中国宣布了"中非数字创新伙伴计划"，其关键内容包括加强数字基建，打通信息联通"最后一公里"；发展数字经济，推动数字技术和实体经济融合发展；开展数字教育，破解数字创新"人才瓶颈"；提升数字包容性，服务非洲普通民众；共创数字安全，提升数字治理能力。

目前，微软、华为、亚马逊等跨国公司已在开普敦和约翰内斯堡建立了近10个数据中心。分析认为，南非大数据产业发展的基础条件较好，在金融、电商及医疗服务等领域已涌现出一批有潜力的企业。中南在数字经济领域具有无限合作可能。

（三）中国—南非产能合作的政策性建议

1. 理性看待南非的投资环境和趋势特征

南非是非洲一个充满活力具有投资潜力的国家。从产业发展的技术支撑和全球市场参与能力看，南非在诸多方面有吸引外资的优势，仍是非洲大陆技术进步的领先者，投资南非的回报率仍然可观。南非承诺实现《巴黎协定》设定的碳排放目标，这可能为环境、社会和公司治理投资提供机会。与此同时南非的可再生能源发电量仅占总发电量的9%，因此还有很长的路要走。南非的地理位置也使其成为其他撒哈拉以南地区市场的入口。南非国内经济具有竞争力，基础设施相当发达。从长远看，作为全球发展洼地和最具增长潜力的大陆，南非在区域和次区域中行业经济带动作用仍将是突出的。

南非在吸引外资方面具有显著优势。第一，南非的经济发展环境较为稳定，政府为促进投资和经济增长推出了众多激励政策、措施和规划。第二，南非拥有健全的金融和法律体系，金融行业发达，律师和会计师等第三方专业服务能力较强。第三，南非矿产资源丰富，基础设施相对发达，劳动力资源充足，具备一定的科研和创新能力，成为非洲地区制造业和服务外包产业的重要基地。第四，南非的自然条件优越，景色宜人，气候适宜。第五，不断壮大的中产阶级为经济发展提供了强大的消费需求。这些优势共同推动南非成为外国投资者的理想选择。

南非在转型发展中面临的阶段性制约因素仍将存在。从全球独一无二的种族隔离统治转向民主与发展，南非所取得的历史成就是突出的。但是，从政治转型到普惠式发展的实现需要一定的时间。这个过程就必然体现在南非当前存在的一些由高失业率带来的社会治安案件、腐败和犯罪数据保持在相对较高的水平、群体性事件常发等现象。此外，尽管南非是非洲工业化程度很高的国家，但从数据产业发展需求看，南非近年来的基础设施建设较为缓慢，而高素质劳动力的缺乏、工资增长速度远高于经济增速，抬高了企业经营成本，削弱了制造业国际竞争力。从国际经济角度看，由于南非资本市场的开放性，发达国家的货币政策通常都会直接影响到南非的宏观经济和资源经济。

2. 依托产能合作协调机制推进重点领域合作

充分利用现有合作机制，不断扩大合作领域。作为发展中国家，中国和南非有着很多的发展阶段相似点和合作共识。作为"金砖国家合作机制"成员国，中南正积极打造有助于促进共同发展的多方合作机制。在国际层面上，中国国家发展和改革委员会（以下简称"国家发改委"）已牵头与其他国家开展了机制化的双边、多边产能合作，并与相关国家建立了相关合作机制。在动员国内参与国际合作方面，国家发改委已与十多个省份签订合作协议，通过联动协同机制共同推进国际产能合作。在企业层面，国家发改委与国务院国有资产监督管理委员会、全国工商联和各行业协会建立协作机制，促进国有企业和民营企业走向国际市场，发挥行业协会的纽带作用，全面推动国际产能合作。中南两国应利用产能合作机制进行协调，鼓励采用投资、"BOT"、"PPP"等多种投融资合作模式，推动双方企业在基础设施、矿业、能源、冶金、建材等领域，以及数字经济、科技创新等方面加强合作，积极推进一批条件优越、效益显著的重点合作项目取得进展。中南两国可在"一带一路"倡议和中非合作论坛框架下，将合作重点集中于以下领域：医疗卫生和改善民生等相关制造业领域；基础设施尤其是 5G 网络、大数据、工业互联网等与"第四次工业革命"紧密相关的"新型基础设施建设"；清洁能源、混合动力汽车、燃料电池和废物资源化利用等绿色经济领域；以及协助南非开展经济特区建设和地区经济一体化建设等。这些合作领域将为中南双方带来更多的发展机遇和共赢成果。

正如习近平主席在中非团结抗疫特别峰会上所指出的："中方支持非洲大陆自由贸易区建设，支持非洲加强互联互通和保障产业链供应链建设，愿同非方一道，共同拓展数字经济、智慧城市、清洁能源、5G 等新业态合作、促进非洲发展振兴。"[①] 因此，以上领域

---

① 《习近平在中非团结抗疫特别峰会上的主旨讲话（全文）》，中华人民共和国商务部，2020 年 7 月 1 日，http：//www.mofcom.gov.cn/article/i/jyjl/l/202007/20200702978975.shtml。

的合作既符合中国当前对非经济合作的发展方向，又顺应了南非政府以疫情为契机谋求经济体制改革，大力发展基础设施和绿色经济，力求实现包容性增长的愿景。

深化双边经贸合作便利化举措，为两国企业合作创造有利环境。在共同发展预期和分享发展机遇背景下，中南两国应充分认识到当前市场主体和行业合作对接方面存在的制约因素，为促进两国企业相互投资，应创造稳定的政策、法律、金融和社会安全环境。我们期待南非政府在能源、土地、税收等方面提供具有吸引力的优惠政策，依法保障中国企业的合法利益，为中方人员办理工作许可证和签证提供便利，从而吸引更多中国企业前往南非投资，促使双方合作取得更多实质性的成果。通过这些举措，中南双方的投资合作将更加紧密、富有成效。

不断完善"企业主体、市场运作、政府引导"的合作机制，对接双方经济发展需求，推动中南项目合作向集群化、规模化、产业化、本土化升级，提升南非生产能力。中南双方应继续支持中国企业在中高技术制造业、能源电力、数字基建和数字经济乃至航空航天等行业领域加大对南投资，帮助南非积累外汇储备，促进技术转移，消除供应瓶颈，为非洲国家经济多元化创造更多机会。继续支持在采矿业延展产业链条，扩大在冶炼、加工等产业链上下游以及电力、交通等配套基础设施的投资建设，在南非开展矿产深加工项目，进行资源开发利用型合作区建设，带动当地工业化发展，将资源优势转化为经济发展优势。

3. 积极开发金融合作推进功能

金融作为连接中南全方位合作的纽带，对于推动中南市场开放、对接和融合起到了重要作用。当前，中南金融合作主要围绕"一带一路"倡议、中非合作论坛以及金砖国家合作机制展开。围绕推进金融服务自由化的议题，两国领导人形成了广泛的政治共识，这为两国开展金融合作奠定了政治基础。"一带一路"倡议为中南金融合作提供了新的发展机遇。两国的金融机构以"一带一路"倡议为指引，在银行、保险以及资本市场等领域展开合作，并取得丰硕的成果。[①]

加快建设南非离岸人民币中心。非洲有必要设立离岸人民币中心，以承担投融资、提供流动性、风险管理和国际清算等重要职能。南非作为非洲的经济、贸易、商务、金融、物流和资金流枢纽，成为中非经贸往来的关键节点。同时，南非是非洲唯一的"金砖国家"和"G20"成员国，具备建立非洲离岸人民币

---

① 薛志华：《金融服务自由化视野下中国—南非金融合作》，《湖北社会科学》2018年第10期。

中心的独特优势。因此，南非在发挥这一优势的基础上，将为非洲区域内的人民币业务提供更多支持与便利。

推动中国与南非互设跨境金融分支机构。近年来越来越多的中国企业进入南非，一方面，应该鼓励更多的中资商业银行通过在南非设立分支机构走入非洲，解决非洲当地银行无法满足中国企业进行国际业务的需求问题，通过银行的跨境一体化经营服务与跨境产业链和设备产能对接，也有利于国内银行加强对非洲经济、金融、投融资环境的了解和在非洲开辟市场，并寻找机会与非洲金融机构开展银团贷款、并购债券、融资代理等金融合作。中资银行可以选择与当地银行合作开展乡村业务或直接进入非洲开展乡村业务。与此同时，也欢迎非洲优质金融机构走入中国市场，丰富中国在非金融支持载体。非洲金融机构在中国的分支机构可利用其非洲众多网点资源和地缘优势，为中非产能合作提供跨境结算、资金池、内保外贷等金融服务。

强化跨境保险产业。鼓励政策性、商业性保险机构和养老基金加大对南非产能投资的支持力度。是大力发挥出口信用保险和海外投资保险的保驾护航作用。一方面，优先中长期信用保险业务，继续拓展出口信用保险的业务范围。另一方面，一是改革完善现有海外投资保险的管理制度和运行机制，尤其是专注开拓贸易信用保险和海外投资保险，开发外汇险、国际无捆绑贷款险等符合市场需求的新产品。二是积极引导中资保险公司开发与中南产能合作投资活动相关的财产和人身保险，支持其在南非设立或扩展分支机构或者与非洲当地保险公司开展合作，甚至吸引非洲保险公司到中国设立分支机构等。三是支持中资保险公司与国内外银行合作开展非洲合作业务。在银行业发达的非洲地区，支持中资保险公司积极融入并配合当地银行提供关联服务，实现多样化的金融供给。①

4. 交流经济发展经验助推南非经济特区建设

中国既是西方市场经济理论的学习者，也是发展中国家特区经验探索的贡献者。中国在沿海经济特区的改革创新和发展中率先受益于改革开放，并在过去四十余年里积累了宝贵的经验。本质上讲，中国没有简单模仿西方国家的改革模式，而是基于自身特点，寻求发展适合的市场经济之路。这种务实的方法对于追求改革成功的国家至关重要。中方愿与南非在改革开放、经济特区建设、吸引外资、经济转型升级等领域分享和交流经验。事实证明，中国改革的成功在于调动民众积极性、提供基本服务以及增强民众经济与

---

① 黄梅波、唐正明：《中非产能合作的金融需求及中非金融合作的推进》，《国际经济评论》2016年第4期。

政治权益。这些因素可用来衡量一个国家治理水平的高低。通过加强中南双方在这些方面的合作与交流，有望为双方带来更多共赢机遇。

创造有利于企业发展的特区能极大地改善非洲投资环境并提升产业升级能力。中国已经在非洲建立的经贸合作区实践证明，经济特区建设能否促进经济的增长，主要取决于政治与技术领导能力等必要条件能否得到满足。南非有自己的国情和经济特点，结合南非的自身发展规划，中南加强在经济特区方面的合作，积极探索符合南非发展的市场经济道路，是未来中南合作需要关注的重要领域。进一步而言，依托次地区一体化发展规划和南非既有的产业优势，通过经济特区这一合作方式，扩大南非在南部非洲或全非洲范围内的市场、产业整合，将有助于推动南非和整个非洲的发展。

先行先试的中国经验切合南非维护独立自主和包容性发展需要。历史的原因造成了南非不同民族间发展水平整体差异较大。这是新南非诞生以来一直致力于改善的重大发展问题。与此相比，中国也长期存在因历史、地域、资源、市场条件等导致的国内地区发展差异。从中国的成功实践看，因地制宜地开展先行先试并及时总结发展经验和制度建设，适时推动由点到线、由链到面的发展是非常重要的。这种治国理政经验值得南非参考和借鉴。

参考文献

一 中文文献

（一）著作（专著、译著）

李毅夫、赵锦元主编：《世界民族大辞典》，吉林文史出版社1994年版。

刘明志主编：《南非金融制度》，中国金融出版社2018年版。

宋徽主编：《世界主要政党规章制度文献·南非》，中央编译出版社2016年版。

夏吉生、杨鲁平等：《非洲两国议会》，中国财政经济出版社2005年版。

杨立华主编：《列国志·南非》，社会科学文献出版社2010年版。

郑宁、莫于川：《南非行政法掠影》，《宪政与行政法治评论》（第二卷），中国人民大学出版社2006年版。

［美］不列颠百科全书公司编:《不列颠简明百科全书》,中国大百科全书出版社《不列颠百科全书》国际中文版编辑部译,中国大百科全书出版社1985年版。

(二) 文章

邓梦阳:《南非汽车市场概况及产品准入制度》,中国标准化协会,第十四届中国标准化论坛论文集。

丁梦娇:《1910年以来南非国家政治发展道路特点及启示》,《理论观察》2013年第12期。

黄梅波、唐正明:《中非产能合作的金融需求及中非金融合作的推进》,《国际经济评论》2016年第4期。

黄星永、洪永红:《新南非劳动权制度的嬗变及中资企业的应对》,《湘潭大学学报》(哲学社会科学版)2019年第1期。

黄星永、洪永红:《新南非劳动权制度的嬗变及中资企业的应对》,《湘潭大学学报》(哲学社会科学版)2019年第1期。

黄玉沛:《中国—南非产能合作的行业分布和经验》,《中国投资》2017年第8期。

夏吉生:《南非临时宪法的特点和作用及新宪法的制定》,《西亚非洲》1996年第5期。

薛志华:《金融服务自由化视野下中国—南非金融合

作》,《湖北社会科学》2018 年第 10 期。

周立志:《南非可再生能源发展现状及中国企业投资建议》,《中外能源》2021 年第 8 期。

二 外文文献

Government Communications,"Government Systems", *South Africa Yearbook 2019/20*, Private Bag X745, Pretoria, 2020.

Government Communications,"Land and its people", *South Africa Yearbook 2019/20*, Private Bag X745, Pretoria, 2020.

Government Communications,"Mineral Resources and Energy", *South Africa Yearbook 2019/20*, Private Bag X745, Pretoria, 2020.

Risenga Maluleke, *Mid-year population estimates 2021*, Statistician-General Statistics South Africa, 2021.

三 网络文献

《习近平在中非团结抗疫特别峰会上的主旨讲话(全文)》,中华人民共和国商务部,2020 年 7 月 1 日,http://www.mofcom.gov.cn/article/i/jyjl/l/202007/

20200702978975. shtml。

杨立华:《南非的纺织服装业发展概况》,国别区域与全球治理数据平台2010年7月,https：//www.crggcn.com/resourceDetail?id=575948&parentName=%E6%96%87%E7%AB%A0%E8%AF%A6%E6%83%85。

中国国际贸易促进委员会:《企业对外投资国别（地区）营商环境指南——南非（2020）》,2020。

中华人民共和国商务部:《对外投资合作国别（地区）指南——南非（2020年版）》,2020。

中华人民共和国商务部驻南非大使馆经商处:《预计7月份暴乱事件负面影响将持续至明年》,2021年10月27日,http：//za.mofcom.gov.cn/article/jmxw/202110/20211003212263.shtml。

中华人民共和国驻南非共和国大使馆经济商务处,http：//www.mofcom.gov.cn/article/i/jyjl/k/202011/20201103017714.shtml.

Department：Trade Industry and Competition Republic of South Africa,"Bills and Acts",2023,http：//www.thedtic.gov.za/legislation/legislation-and-business-regulation/bills-and-acts/.

National planning commission, *National Development Plan 2030 (NDP)：Our future-make it work*, 2012, http：//

www. gov. za/issues/national-development-plan-2030.

National Treasury of Republic of South Africa,"Nation Budget 2021", 2021, http：//www. treasury. gov. za/.

Saifaddin Galal,"Mining industry in South Africa-statistics & facts", Statista, Spring 2023, https：//www. statista. com/topics/7194/mining-industry-in-south-africa/#topicOverview.

Statistics South Africa,"Falling inside the norm：Municipal remuneration and contractor spending", 2023, https：//www. statssa. gov. za/? page_ id-1854&ppn = p0142.

Statistics South Africa,"Stats SA Census 2022", Spring 2023, https：//census. statssa. gov. za.

Trad and Industry,"Industrial Policy Action Plan IPAP 2018/19-2020/21", 2020, https：//www. gov. za/sites/default/files/gcis_ document/201805/industrial-policy-action-plan. pdf.

杨宝荣，法学博士，中国社会科学院西亚非洲研究所经济研究室主任，研究员，博士生导师，长期从事非洲产业经济和制度经济研究。

贾继元，法学博士，中国人民解放军军事科学院助理研究员。毕业于中国社会科学院研究生院，主修方向为非洲国际政治。

金佳颖，对外经济贸易大学金融学硕士，现供职于首实安保科技有限责任公司。主要研究世界经济与国际金融，在《21财经》等媒体发表时评文章数篇。

范楷，中国社会科学院大学博士研究生，主要研究方向为非洲政治，作为主要参与人参与多项国家级课题，撰写多篇研究报告。